# ABRAZANDO

# LA

# INCERTIDUMBRE

## CUIDAR A MAMA

## EN SU

## VIAJE CON LA DEMENCIA

**Almangie Ruefli**

# Dedicación

"A mi querida madre, cuyo amor y coraje en su viaje con la demencia han sido mi mayor inspiración. Que de alguna manera contribuyeron al cuidado de mi madre, y a mi amada hija Angie, siempre a mi lado con amor y ayuda incondicional. A todos los cuidadores valientes que enfrentan los desafíos diarios con amor inquebrantable. Que estas páginas ofrezcan consuelo, comprensión y esperanza en su camino."

# Reconocimiento

Quisiera expresar mi profundo agradecimiento a todas las personas que han sido parte fundamental en la creación de este libro. En primer lugar, a mi amada madre, cuyo valiente viaje con la demencia inspiró cada palabra de estas páginas. Su fortaleza y amor han dejado una huella imborrable en mi corazón.

Agradezco a mis hermanos por el apoyo que de alguna manera me han brindado durante este desafiante proceso y a mi esposo por su cooperación y paciencia.

Un agradecimiento especial a mi hija Angie, cuya presencia ha sido mi ancla en las tormentas emocionales. Tu amor y apoyo incondicional han sido mi mayor fortaleza.

Quiero reconocer también a los cuidadores y profesionales de la salud que día a día enfrentan la demencia con dedicación y compasión. Sus experiencias compartidas han enriquecido estas páginas y ofrecen esperanza a quienes transitan por caminos similares.

Agradezco a mis amigos y a todas las personas que han compartido sus historias, consejos y palabras de aliento. Su generosidad ha dado forma a este proyecto y ha creado una red de apoyo invaluable.

Finalmente, agradezco al equipo editorial por su

profesionalismo y compromiso. Gracias por creer en esta historia y por ayudar a llevarla a un público más amplio.

Este libro es un tributo a la resiliencia, el amor y la comunidad. A todos ustedes, mi más sincero agradecimiento.

# Tabla de contenido

# Introducción

En la travesía de la vida, a menudo nos encontramos con caminos inesperados y desafíos insondables. Cuando la demencia toca nuestras puertas, nos enfrentamos a una travesía repleta de incertidumbre y cambios profundos. En este viaje, nos convertimos en cuidadores, en compañeros de vida de aquellos que ahora se enfrentan a un océano de olvidos y confusiones.

El propósito de este libro es compartir herramientas de ayuda y experiencias de cuidadores que, al igual que tú y yo, viven diariamente la intensa lucha de cuidar a seres queridos afectados por la demencia. En estas páginas, encontrarás relatos auténticos, consejos prácticos y un espacio donde la comunidad de cuidadores se une para compartir conocimientos y apoyo. Este libro es un faro de comprensión y guía, diseñado para iluminar tu camino en medio de los desafíos que presenta la demencia. Juntos, exploraremos caminos, aprenderemos unos de otros y encontraremos consuelo en la comunidad que se forma en este viaje.

**Abrazando la Incertidumbre: Cuidar a Mamá en su Viaje con la Demencia**

Historias Inspiradoras y Consejos para Cuidadores te invitan a explorar este viaje con nosotros. A través de relatos conmovedores, experiencias compartidas y valiosos consejos, descubrirás que en medio de la incertidumbre, existe una fortaleza inquebrantable que emana del amor y la dedicación. Estas páginas están tejidas con historias de cuidadores que, como tú, se enfrentan a la demencia con valentía y compasión.

Te guiaremos a lo largo de este viaje, compartiendo conocimientos, estrategias y apoyo emocional para que enfrentes cada desafío con confianza y amor. Porque en la incertidumbre, encontramos la oportunidad de descubrir un amor más profundo, unión familiar y el poder de la compasión.

Únete a nosotros mientras exploramos las complejidades de cuidar a quienes amamos en su viaje con la demencia. A través del compromiso y la comunidad, aprenderemos que, incluso en la oscuridad de la incertidumbre, podemos encontrar la luz del amor inquebrantable.

*Alma Ruefli*

# Capítulo 1

# La Demencia, el Tapiz de los Recuerdos Desvanecientes

## "Cuando los Hilos de la Memoria Comienzan a Desvanecerse"

Era una transformación que se tejía lentamente, como las hojas doradas del otoño que caen una a una. La pérdida de memoria a corto plazo, aparentemente inofensiva al principio, se convirtió en el hilo conductor que nos llevó por un camino inesperado. Recordamos los primeros indicios como fragmentos de una historia en construcción, una historia que estaba siendo escrita con la tinta de los recuerdos desvanecientes de mi madre.

Con un toque de resignación en nuestras sonrisas, pensamos que todos olvidamos pequeñas cosas. Olvidar dónde dejamos las llaves, el nombre de un antiguo amigo o la fecha de una cita médica no era inusual. Pero como un reloj que marca el paso inexorable del tiempo, comenzamos a notar que las lagunas en la memoria de mi madre se volvían más frecuentes y prominentes.

Mi madre, la cocinera apasionada de una pequeña residencia para ancianos que deleitó a generaciones con sus sabores caseros y el cariño que mezclaba en cada platillo, comenzó a dejar de lado ciertas recetas. La amabilidad y la compasión que había derrochado en su trabajo ya no eran tan evidentes. Las notas que dejaba sobre cómo dar el toque final a su café de la mañana se volvieron confusas, como si las palabras se resistieran a permanecer en el papel.

Las señales, sutiles al principio, comenzaron a acumularse.

Los nombres que solían fluir con naturalidad en las conversaciones ahora eran esquivados, como si se escondieran en un rincón inalcanzable de su mente. Los momentos que alguna vez celebró con alegría quedaron registrados en un cuaderno, como un intento de retener lo que se desvanecía.

Fue entonces cuando el impacto de esta transformación se hizo más profundo, más angustiante. Las explicaciones encajaban como piezas de un rompecabezas, pero no lograban completar la imagen en su totalidad. El diagnóstico de coronavirus, una enfermedad que dejaba huellas en la memoria de los ancianos, parecía la respuesta obvia. Pensamos que mi madre se recuperaría, como si la fuerza de su espíritu pudiera barrer las nubes de la confusión que la rodeaban.

El telón de fondo de nuestro optimismo estaba entrelazado con las fibras de la esperanza y el temor. Esperanza de que las habilidades que parecían desvanecerse regresaran, de que la mujer que había enfrentado la vida con determinación y amor resurgiera una vez más. Temor de que esta transformación no fuera temporal, que lo que estábamos enfrentando fuera el comienzo de un viaje impredecible y desafiante.

A medida que exploramos las páginas de este capítulo, invitamos a los lectores a recorrer el camino que nos llevó a reconocer los primeros signos de la demencia. Nos sumergimos en la vulnerabilidad de la incertidumbre y en los intentos de racionalizar lo inexplicable. Este es el comienzo de una travesía compartida, donde los recuerdos desvanecientes se convierten en un tapiz que revela la profundidad de la experiencia humana en toda su belleza y fragilidad.

En las páginas que siguen, exploraremos cómo enfrentamos lo desconocido, cómo buscamos respuestas y cómo aprendemos a sostenernos mutuamente mientras el tapiz continúa su tejido impredecible.

# Capítulo 2

## Síntomas que Pintan una Realidad Cambiante

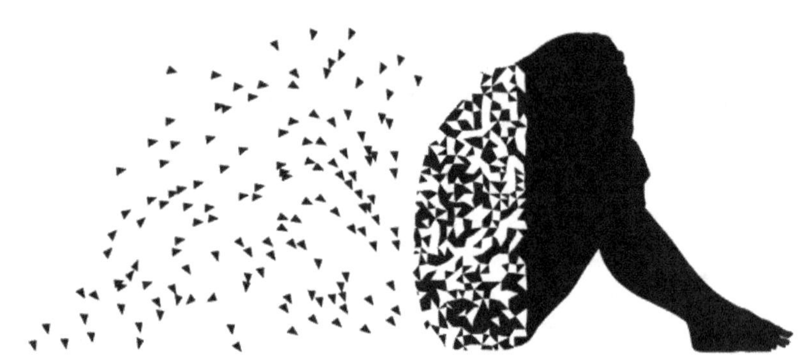

## "Cuando los Hilos de la Memoria Se Deslizan Entre los Dedos"

A medida que el reloj del tiempo avanzaba, su mente tejía un tapiz de recuerdos desvanecientes que no conocían fronteras. Los síntomas se presentaron como las pinceladas de una pintura en constante transformación, pintando una realidad cambiante que nos dejó con el corazón partido y la determinación fortalecida.

La pérdida de memoria, una vez considerada un enigma común y corriente, evolucionó en una realidad mucho más sombría. Como hojas caídas en el viento del otoño, los nombres, las fechas y los detalles cotidianos desaparecían gradualmente. Y aunque cada capítulo se desvanecía, también aparecían nuevas sombras en escena. Su rostro apagado, su apatía ante sucesos irrelevantes, mostraba signos de depresión.

La relación entre **Alzheimer y depresión** existe y, a menudo, es compleja. A veces puede generar confusión en el diagnóstico pero, también, los síntomas de ambas enfermedades pueden coexistir. Esto puede suceder tanto como consecuencia de las propias alteraciones cerebrales patológicas como por presentar un estado de ánimo depresivo reactivo al conocimiento del diagnóstico de Alzheimer y sus consecuencias.

Es importante **informar al especialista de posibles indicios depresivos** en la persona afectada para que se puedan tomar las medidas de tratamiento oportunas, así como procurar seguir algunos consejos orientados a **aliviar su pesadumbre.**

**Nuestro corazón se rompió** al verla luchar con lo que antes dominaba sin esfuerzo. Los electrodomésticos, una vez amigos confiables, se convirtieron en un laberinto de confusión para ella. La secadora de ropa y el microondas, objetos que ocupaban un lugar en su mundo cotidiano, se entrelazaron en su mente, formando un nudo que dejó de ser desenredado.

El espectáculo de verla intentar secar la ropa en el microondas quedó grabado en nuestra memoria, una mezcla de sorpresa y tristeza. Los incidentes que se desencadenaron revelaron las grietas en el puente entre el pasado y el presente, entre la familiaridad y la confusión.

El peso de la realidad nos unió como hermanos en una misión compartida: enfrentar este gigante que teníamos ante nosotros, una realidad que desafiaba las nociones de normalidad. La preocupación se entrelazó con la determinación mientras nos enfrentábamos a la tormenta que se avecinaba.

Para comprender esta metamorfosis, recurrimos a quienes podían arrojar luz sobre la oscuridad creciente. El médico, que había sido testigo silencioso de la progresión de la demencia en otros pacientes, nos extendió una mano de empatía y conocimiento. Nos explicó cómo la demencia, en sus múltiples formas, puede afectar las funciones cerebrales y los recuerdos, convirtiendo los momentos cotidianos en un rompecabezas en constante cambio.

La preocupación por los síntomas que habíamos observado se confirmó. La dificultad para realizar tareas que antes eran naturales, la confusión con los objetos cotidianos y la pérdida de memoria eran características comunes en la progresión de la demencia y el Alzheimer. Las piezas del rompecabezas comenzaron a encajar, formando una imagen que habíamos temido pero que necesitábamos enfrentar.

Y así, con el conocimiento en nuestras manos y la determinación en nuestros corazones, comenzamos a unir fuerzas para apoyar a mi madre en su lucha contra la marea de olvido. Nos enfrentamos a una realidad cambiante con la esperanza de brindarle estabilidad y amor en un mundo que se desvanecía ante sus ojos.

En las páginas que siguen, exploraremos cómo enfrentamos estos síntomas que delineaban un paisaje en constante transformación. Nos sumergiremos en los desafíos de adaptarse a una nueva normalidad y en la búsqueda de maneras de mantener el amor y la conexión a medida que la realidad se desliza entre los dedos.

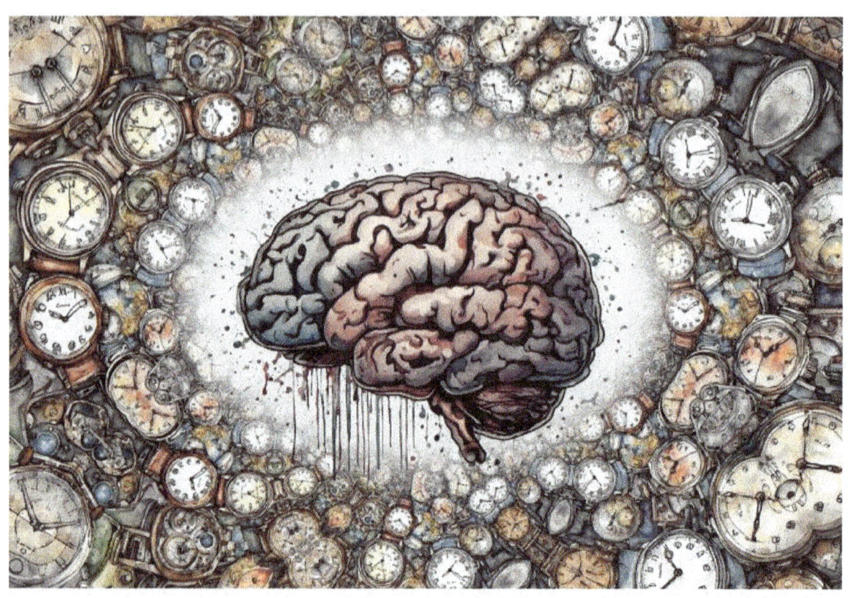

# Capítulo 3

# Entre Sombras y Certezas:

# El Diagnóstico de la Demencia

## "Abrir los Ojos a la Verdad"

Los días oscuros de la incertidumbre nos llevaron a una encrucijada: ¿cómo podíamos entender con precisión la metamorfosis que estaba ocurriendo en la mente de nuestra madre? Mientras lidiábamos con la confusión de los síntomas y las huellas de la memoria que se desvanecía, llegó el momento de buscar respuestas más allá de nuestras suposiciones y temores.

**Las Señales Inconfundibles:** *Reconociendo la Necesidad del Diagnóstico*

Los síntomas, como las piezas de un rompecabezas que se unían con más claridad a medida que avanzábamos, nos llevaron a la conclusión de que la situación iba más allá de lo que podríamos atribuir a la edad o incluso a las secuelas del coronavirus. La confusión con objetos cotidianos, las lagunas en la memoria y la dificultad en la realización de tareas básicas se convirtieron en sombras inconfundibles que requerían ser exploradas más a fondo.

"Todo el mundo comete errores, pero las personas con demencia podrían experimentar cada vez más dificultades para realizar tareas como manejar las facturas mensuales o seguir una receta de cocina, según señala la Alzheimer's Association. También podrían enfrentar problemas para concentrarse en sus tareas, experimentar una prolongación en el tiempo necesario para llevarlas a cabo o tener dificultades para completarlas.

Hacer una pregunta una y otra vez o repetir la misma historia sobre un evento reciente varias veces son indicadores comunes de la enfermedad de Alzheimer leve o moderada, según la Cleveland Clinic.

No sentirse especialmente sociable de vez en cuando es una cosa, pero una pérdida repentina y rutinaria de interés en la familia, los amigos, el trabajo y los eventos sociales es una señal de advertencia de demencia. Un nuevo estudio publicado en la revista *Journal of Alzheimer's* Disease encontró que la apatía incluso puede ser una señal de que alguien está progresando de un deterioro cognitivo leve (DCL) —síntomas de pérdida de memoria o problemas de pensamiento que no son tan graves como la demencia— a la enfermedad de Alzheimer. Quienes tienen DCL tienen un mayor riesgo de desarrollar demencia."

**El Valor de la Comunicación:** *Abriendo la Puerta al Diálogo Médico*

Nuestra primera línea de defensa fue abrir un diálogo con el médico. Sentadas, mi hermana, mi madre y yo en la sala de espera, nuestras mentes y corazones estaban llenos de preguntas y una mezcla de esperanza y miedo. ¿Cómo se realiza un diagnóstico? ¿Qué pruebas podrían revelar la verdad detrás de las sombras? La doctora nos saludó con empatía, sabiendo que estábamos en busca de respuestas que podrían brindarnos un camino a seguir, y nos habló sobre las diferentes pruebas y herramientas que podrían ayudar para un diagnóstico certero.

## El Arte de la Evaluación: Pruebas y Herramientas Diagnósticas

El proceso de diagnóstico de la demencia es una combinación de arte y ciencia. Se basa en una evaluación integral que abarca desde la historia clínica hasta pruebas cognitivas y análisis de laboratorio. Las pruebas cognitivas, como el Mini-Mental State Examination (MMSE) o el Montreal Cognitive Assessment (MoCA), evalúan la memoria, el pensamiento abstracto y otras funciones cognitivas clave.

Para diagnosticar la causa de la demencia, el profesional de atención médica debe reconocer el patrón de pérdida de habilidades y funciones. El médico también determina qué es lo que la persona todavía es capaz de hacer. Desde hace poco, se cuenta con biomarcadores para hacer un diagnóstico más preciso de la enfermedad de Alzheimer.

Un profesional de atención médica revisa tus antecedentes médicos y tus síntomas, y te hace un examen físico. También es posible que le pregunten a alguien cercano sobre tus síntomas.

No hay una única prueba para diagnosticar la demencia. Es probable que los médicos realicen una serie de pruebas que puedan ayudar a precisar el problema.

## Pruebas cognitivas y neuropsicológicas

En estas pruebas, se evalúa tu capacidad de pensamiento. Una serie de pruebas miden las habilidades del pensamiento, como la memoria, la orientación, el razonamiento y la capacidad de juicio, las habilidades del lenguaje y la atención.

## Evaluación neurológica

Se evalúan la memoria, las habilidades del lenguaje, la percepción visual, la atención, la capacidad para resolver problemas, el movimiento, los sentidos, el equilibrio, los reflejos y otras áreas.

## Exploraciones del cerebro

- **Tomografía computarizada o resonancia magnética.** Estas exploraciones pueden verificar si hay evidencia de accidente cerebrovascular, sangrado, tumor o acumulación de líquido, conocida como hidrocefalia.

- **Exploraciones con tomografía por emisión de positrones.** En estas exploraciones, se pueden observar patrones de la actividad cerebral. Permiten determinar si hay depósitos de la proteína amiloide, también llamada tau, en el cerebro, lo que es una marca característica de la enfermedad de Alzheimer.

## Análisis de laboratorio

Mediante simples análisis de sangre, se pueden detectar problemas físicos que pueden afectar la función cerebral, como falta de vitamina B-12 en el cuerpo o una glándula tiroides hipoactiva. En ocasiones, se analiza el líquido cefalorraquídeo para revisar la presencia de infección, inflamación o marcadores de algunas enfermedades degenerativas.

## Evaluación psiquiátrica

Un profesional de salud mental puede determinar si la depresión u otra afección de salud mental contribuye a los síntomas.

(Demencia mayoclinic.org)

## Explorando el Cerebro:

Pruebas de Imagenología. La resonancia magnética (RM) y la tomografía por emisión de positrones (PET) son herramientas que permiten a los médicos explorar el cerebro en busca de cambios estructurales y acumulación de proteínas anormales, como las placas de beta-amiloide asociadas al Alzheimer. Estas pruebas proporcionan una ventana hacia la fisiología cerebral que complementa la información clínica.

## El diagnóstico: Más que una etiqueta, una guía

Una vez que se obtienen los resultados de las evaluaciones y las pruebas, el diagnóstico toma forma. No es simplemente una etiqueta, sino una guía que nos ayuda a entender la naturaleza de la transformación que está ocurriendo en el cerebro. El diagnóstico nos da una brújula para navegar por el terreno desconocido, tomar decisiones informadas y encontrar maneras de mantener el amor y el apoyo.

Para Sally, aceptar el diagnóstico de su esposo no fue nada fácil. Alfie, mi esposo, trabajaba de capataz en una de las minas de oro de Sudáfrica, —explica Sally—. Cuando me dijo que quería retirarse, me quedé atónita. Solo tenía 56 años y era un hombre muy inteligente y trabajador. Sus compañeros de trabajo me contaron después que estaba cometiendo extraños errores de juicio, y muchas veces lo habían encubierto.

"Cuando se jubiló, compramos un hotel. Como Alfie era habilidoso, creí que se ocuparía del mantenimiento del edificio. No obstante, siempre llamaba a alguien para efectuar las reparaciones."

Aquel mismo año, fuimos de vacaciones a la playa de Durban con nuestra nieta de tres años. A ella le encantaba jugar sobre una cama elástica que había al otro lado de la calle, justo enfrente del apartamento donde nos quedábamos. Una tarde, alrededor de las cuatro y media, Alfie la llevó a saltar en la cama elástica y dijo que regresarían al cabo de media hora. Dieron las siete y aún no habían regresado. Llamé a la policía, pero me explicaron que no podían iniciar la búsqueda de una persona hasta que no llevara por lo menos veinticuatro horas desaparecida. Aquella noche creí volverme loca, pues me imaginaba que los habían matado. Al día siguiente, hacia el mediodía, llamaron a la puerta y, cuando abrí, allí estaba Alfie con la niña en brazos.

"—¿Dónde te metiste? —le pregunté.

"—No te enfades conmigo —respondió—. No lo sé.

"—Abuelita —aclaró la niña—, nos perdimos.

"Imagínese. ¡Perderse al otro lado de la calle! Todavía no sé dónde durmieron aquella noche. Bueno, por lo menos una amiga mía los encontró y les indicó cuál era nuestro apartamento."

Después de este incidente, Sally llevó a Alfie a un neurólogo, quien le diagnosticó demencia (pérdida de funciones psíquicas). Resultó que Alfie tenía la enfermedad de Alzheimer, para la cual todavía no existe ni tratamiento eficaz ni cura. La revista británica New Scientist dice que el Alzheimer "ocupa el cuarto lugar entre las enfermedades más letales del mundo desarrollado, después de las cardiopatías, el cáncer y la apoplejía". Se le ha denominado "la principal enfermedad crónica de la vejez", aunque también puede aparecer a una edad relativamente joven, como fue el caso de Alfie.

Con el progresivo aumento de la esperanza de vida en los países prósperos, los pronósticos sobre la cantidad de personas que padecerán demencia son alarmantes. Un estudio señaló que el porcentaje de aumento entre el año 1980 y el 2000 puede ser del 14% en Gran Bretaña, del 33% en Estados Unidos y del 64% en Canadá. Un documental de la televisión australiana presentado en 1990 dijo: "Se calcula que en Australia hay actualmente 100.000 personas con Alzheimer. A finales de siglo, la cifra será de 200.000". Se estima que para el año 2023 habrá más de 100.000 millones de enfermos de Alzheimer en el mundo.

**[Notas]** La enfermedad de Alzheimer recibe su nombre de Alois Alzheimer, neurólogo alemán que en 1906 la describió por vez primera tras practicar la autopsia a una paciente que había muerto en un estado grave de demencia. Se calcula que el Alzheimer constituye el 60% de todas las demencias y afecta a 1 de cada 10 personas mayores de 65 años. Hay un tipo de demencia en particular, denominada multiinfarto, que aparece como consecuencia de una serie de infartos leves que dañan el cerebro.

*Advertencia: Antes de concluir que una persona tiene Alzheimer, es fundamental someterla a un reconocimiento médico exhaustivo. Entre el diez y el veinte por ciento de los casos de demencia se originan de dolencias que tienen tratamiento. En cuanto al diagnóstico del Alzheimer, el libro "How to Care for Aging Parents" (El cuidado de los padres cuando envejecen) explica: "El Alzheimer solo puede diagnosticarse con certeza estudiando el cerebro durante una autopsia, pero los médicos pueden ir descartando otras posibilidades y llegar al diagnóstico por el proceso de eliminación".

A medida que avanzamos en este capítulo, nos sumergimos en la búsqueda de respuestas y en la confrontación de la verdad que la evaluación médica reveló. Exploramos cómo el diagnóstico, aunque difícil de recibir, nos brindó una comprensión más profunda de la travesía que enfrentamos. Con el diagnóstico en la mano, aprendimos a tejer una nueva perspectiva y a encontrar maneras de abrazar la realidad con amor y fortaleza.

# Capítulo 4

# El Diagnóstico: Decisiones Cruciales en la Familia

## "Entre Cruces de Caminos y Unidad Inquebrantable"

El diagnóstico, como una brújula que nos muestra el camino a través de un terreno desconocido, no solo trae consigo la verdad de la demencia, sino también una serie de decisiones que se ramifican como senderos en todas direcciones. En este capítulo, exploraremos cómo enfrentamos estas decisiones cruciales como familia, navegando por los desafíos y las oportunidades que se presentaron ante nosotros.

## Las Emociones a Flor de Piel: Aceptación y Resistencia

La noticia de emociones no llegó sin su oleada de emociones tumultuosas. Desde la aceptación hasta la resistencia, nuestra familia experimentó un vendaval de sentimientos. La aceptación nos brindó la claridad necesaria para abordar las decisiones que teníamos por delante. La resistencia, aunque natural, se convirtió en un recordatorio de lo profundo que se tejía nuestro amor y preocupación.

El diagnóstico de la demencia sacudió los cimientos de nuestra familia de formas que nunca podríamos haber anticipado. La aceptación y la resistencia se entrelazaron en un torbellino de emociones que desafiaron las nociones que teníamos sobre nuestra madre y sobre nosotros mismos.

## La Negación como Escudo Protector

La noticia nos golpeó como una ráfaga de viento helado, una realidad que parecía inconcebible. No fue fácil aceptar que la mujer fuerte e independiente que habíamos conocido durante toda nuestra vida estaba atravesando una transformación tan profunda. La negación se convirtió en un escudo protector, una forma de preservar la imagen de nuestra madre tal como la habíamos conocido.

Cuando a un familiar se le diagnostica demencia, la negación es una reacción común entre los familiares. Puede ser abrumador aceptar la realidad de la enfermedad y sus implicaciones. Algunas razones para la negación incluyen el miedo a lo desconocido, la esperanza de que los síntomas desaparezcan, el temor a la carga emocional y física del cuidado, y la dificultad para aceptar la pérdida progresiva de las capacidades del ser querido.

Es importante reconocer que la negación es parte del proceso emocional y que cada persona la experimenta de manera única. Los familiares pueden necesitar tiempo para asimilar la noticia y adaptarse a la nueva realidad. La comunicación abierta, el apoyo emocional y la información sobre la demencia pueden ayudar en el proceso de aceptación.

*La Importancia de Comprender Nuestras Propias Emociones y Sentimientos*

Al mismo tiempo, es fundamental **entendernos a nosotros mismos en tanto familiares y personas cuidadoras.** Es importante identificar nuestros propios sentimientos y emociones: cómo reaccionamos tras recibir la noticia del diagnóstico, cómo hemos evolucionado emocionalmente desde ese momento, o cómo encajamos e interpretamos el modo en que se comporta nuestro ser querido.

Cada persona encaja la noticia y reacciona al diagnóstico de forma diferente. Las características personales, sensibilidad y forma de ser son factores que influyen en ello.

Tras la noticia, se desencadena un torrente de emociones y sensaciones y se inicia el camino hacia la aceptación de la enfermedad. En realidad, se trata de un proceso de duelo, durante el cual se recorren distintas fases. Estas a menudo se solapan o fluctúan a lo largo de la enfermedad.

## La Lucha Interna con la Vulnerabilidad

Nuestra madre, una mujer que siempre se mantuvo en pie con determinación y coraje, ahora se encontraba en una encrucijada. La demencia le había arrebatado las herramientas que siempre había usado para luchar sus batallas. Las lágrimas que antes rara vez se derramaban ahora humedecían sus ojos, revelando la vulnerabilidad que había estado oculta bajo capas de fortaleza.

Desde nuestra infancia, nunca vimos a nuestra madre llorar frente a las adversidades que enfrentaba. Luchó incansablemente para sacar adelante a sus cinco hijos, resistiendo incluso en las situaciones más difíciles. Su fortaleza, independencia y capacidad eran rasgos que la definían.

La vida la había moldeado con el paso de los años, convirtiéndola en una mujer fuerte.

Verla tan vulnerable ante la demencia es un desafío abrumador para nosotros. Observarla luchar contra algo que no tiene un sentido claro, resistirse a depender de nuestra ayuda y tratar de manejar las cosas a su manera agrega una capa adicional de complejidad a esta batalla. A pesar de mis intentos de explicarle lo que está sucediendo, no he tenido éxito. He intentado ayudarla a aceptar su vulnerabilidad y permitirse fluir, pero mis esfuerzos han sido en vano. Quizás la clave sea que yo misma necesite aceptar la situación a su manera, adaptarme a su ritmo y comprender su forma única de aceptación.

## El Desafío de la Adaptación

Ante nosotros estaba una mujer diferente, una que a menudo parecía perdida en su propio mundo. Las decisiones que antes tomaba con certeza se convirtieron en dilemas abrumadores. La indecisión y el miedo se apoderaron de su rostro, marcando un contraste con la imagen de la mujer que siempre supo dónde iba y cómo llegar allí.

El desafío de la adaptación para una persona con demencia radica en enfrentarse a la pérdida progresiva de habilidades cognitivas y funcionales. A medida que la enfermedad avanza, la capacidad para realizar tareas cotidianas, recordar información y mantener una conversación disminuye. Adaptarse a estas limitaciones puede generar frustración, confusión y ansiedad en la persona afectada. Además, la demencia puede alterar la percepción del entorno, lo que dificulta aún más la adaptación a situaciones nuevas o cambios en la rutina. El apoyo comprensivo y personalizado es esencial para ayudar a la persona a enfrentar estos desafíos y mantener la calidad de vida en la medida de lo posible.

## La Lucha por la Identidad

Ver a nuestra madre luchar con su identidad fue un golpe emocional. La mujer que una vez fue un faro de fortaleza ahora luchaba por reconocerse en el espejo. Cada momento de olvido o confusión parecía borrar una parte de quién era. Nos enfrentamos a la dolorosa verdad de que estábamos perdiendo no solo a la madre que conocíamos, sino también a la mujer que ella misma había sido.

Este desafío puede generar angustia y ansiedad, ya que la persona se enfrenta a la pérdida de la conexión con su propia historia y personalidad.

La demencia afecta la memoria y las funciones cognitivas, lo que contribuye a la lucha de identidad. Los cuidadores y familiares desempeñan un papel crucial al proporcionar apoyo emocional, recordando eventos y compartiendo recuerdos para ayudar a mantener la conexión con la identidad pasada de la persona. A medida que la enfermedad progresa, adaptarse a esta nueva realidad y abrazar la identidad cambiante se convierte en un proceso delicado pero importante.

## Resistencia a Dejar Ir la Esperanza

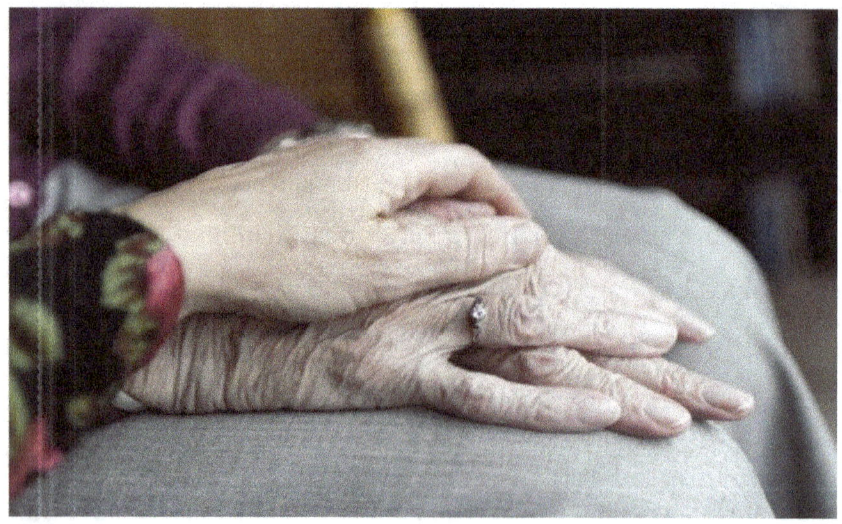

La resistencia, aunque natural, también fue una constante en nuestro viaje. Nos aferramos a la esperanza de que, de alguna manera, ella recuperaría su antigua identidad. Resistimos la idea de que esta transformación pudiera ser permanente. A pesar de la dura realidad que teníamos ante nosotros, el deseo de volver a verla fuerte y determinada seguía latente en nuestros corazones.

La resistencia por dejar ir la esperanza es una lucha común entre las familias que enfrentan la demencia. A menudo, la esperanza se asocia con la posibilidad de que la condición de la persona mejore o se estabilice. Sin embargo, la demencia es una enfermedad progresiva sin cura conocida, lo que puede generar una batalla emocional para aceptar esta realidad.

Las familias pueden aferrarse a la esperanza de encontrar tratamientos innovadores, medicamentos milagrosos o simplemente de que la situación mejore por sí sola. Esta resistencia puede provenir de la dificultad para aceptar la pérdida gradual de la identidad y las habilidades de su ser querido. Aceptar la naturaleza irreversible de la demencia implica un proceso de duelo y adaptación.

Superar la resistencia implica un equilibrio delicado entre mantener la esperanza en aspectos que aún se pueden controlar, cómo mejorar la calidad de vida y encontrar formas de conexión emocional, mientras se aborda de manera realista el curso de la enfermedad. El apoyo emocional y la educación sobre la demencia son cruciales para ayudar a las familias a navegar por este desafiante proceso.

## Las Decisiones que Forjan Caminos Nuevos

La resistencia a veces nos llevó a decisiones difíciles, pero necesarias. Decidir quién la cuidaría y atendería sus necesidades fue una responsabilidad que pesaba en nuestros hombros. Cada elección forjaba un nuevo camino en esta travesía desconocida. Las discusiones fueron cargadas de emociones y preocupaciones, pero también estuvieron impregnadas de amor y la determinación de hacer lo mejor para ella.

Las decisiones familiares desempeñan un papel fundamental al forjar nuevos caminos cuando se enfrentan a la demencia. Estas decisiones abarcan aspectos diversos, desde la planificación del cuidado hasta las estrategias de afrontamiento emocional. Algunas áreas clave incluyen:

## Planificación del Cuidado:

Decidir sobre el tipo de cuidado que se brindará, ya sea en el hogar, con la ayuda de cuidadores externos, o considerando instalaciones especializadas, como hogares de ancianos o centros de atención para la demencia.

*Se pueden ofrecer cuidados a largo plazo en el hogar, o bien, en otro lugar fuera de este. En algún momento, la persona con demencia podría requerir asistencia a tiempo completo, o podría presentar conductas, como agresión y deambulación, que hagan que ya no esté segura en el hogar. Las personas que requieren ayuda a tiempo completo pueden trasladarse a un establecimiento residencial de cuidados, un asilo de ancianos o un centro residencial que pueda ofrecer muchos o todos los servicios de cuidados a largo plazo que necesitan. Cuando planifique estos cuidados, podría ser útil pensar en:*

- *Dónde vivirá la persona a medida que envejece y cómo su lugar de residencia puede apoyar mejor su seguridad y satisfacer sus necesidades.*
- *Qué servicios hay disponibles en la comunidad y cuánto cuestan.*
- *Con qué tiempo de anticipación debe planificar para que la persona pueda tomar decisiones importantes mientras todavía tienen la capacidad de hacerlo.*

*(Para más información y recursos visita: Alzheimer.gov)*

## Roles y Responsabilidades

"Distribuir roles y responsabilidades entre los miembros de la familia implica establecer una comunicación clara sobre quién se encargará de diversas tareas relacionadas con el cuidado y la toma de decisiones."

En el cuidado de la demencia, la necesidad de asistencia comienza mucho antes de que se presente la demencia por completo. Un paciente con deterioro cognitivo leve (MCI por sus siglas en inglés) o en las primeras etapas de la demencia, aunque puede tomar decisiones, puede aún necesitar ayuda para organizar horarios, controlar las finanzas y mantener un calendario social. Un pariente cercano, la mayoría de las veces un cónyuge o un hijo adulto, pueden ofrecer ayuda, sin darse cuenta de que este es el comienzo de una relación de cuidado. Algunos cuidadores trabajan en equipo: madre e hija ayudando a papá; hermanos trabajando juntos para ayudar a mamá. Pero en la mayoría de los casos hay un solo cuidador que asume la mayoría de las responsabilidades de cuidado.

A medida que avanza la demencia, las necesidades del paciente se vuelven más personales y requieren más tiempo. La demencia a menudo causa cambios en las habilidades de personalidad y comunicación que los cuidadores encuentran inquietantes. Las necesidades físicas y emocionales se vuelven más exigentes y un cuidador necesitará utilizar la ayuda de recursos externos, como miembros de la familia, amigos, cuidadores profesionales y organizaciones comunitarias.

Si bien un cuidador familiar puede gestionar la asistencia completa en las primeras etapas de la demencia, en las etapas posteriores, ya no es posible brindar atención solo sin la posibilidad de riesgos graves de seguridad tanto para el paciente como para el cuidador. Identificar exactamente cuándo las responsabilidades de cuidado se vuelven demasiado exigentes es uno de los mayores desafíos para los cuidadores de pacientes con demencia.

La demencia generalmente progresa gradualmente, en pequeños incrementos, a lo largo de varios años. Y también lo hacen las tareas de cuidado. Dada la naturaleza incremental del cuidado de la demencia, es posible que el cuidador no reconozca el punto donde la carga crece demasiado y excede los niveles de seguridad. Por ello, es indispensable que delegues responsabilidades a otros en la familia.

## Educación y Concientización

"Decidir buscar información y educación sobre la demencia es crucial. Comprender la enfermedad es fundamental para tomar decisiones informadas y brindar el mejor cuidado posible."

## Apoyo Emocional

Decidir cómo proporcionar y recibir apoyo emocional dentro de la familia es esencial. Reconocer la importancia de compartir emociones, buscar ayuda profesional si es necesario y mantener líneas abiertas de comunicación?

Por qué es necesario atender a la familia de un enfermo demencial, especialmente al que más carga de responsabilidad tiene?

En la demencia se produce una pérdida progresiva de las capacidades mentales y, a la larga, un deterioro físico y de la movilidad, que supone una pérdida de la autonomía. Si consideramos esto, entendemos que el cuidador principal, de forma progresiva, también asume las funciones que el paciente deja de saber hacer. Todo ello debiendo atender además el propio autocuidado, y quizás el de otros familiares (padres, nietos...) y conviviendo con un proceso emocional de duelo o adaptación constante a las pérdidas que, en cada etapa, se van produciendo.

El papel que desempeña el cuidador principal es importantísimo en el curso de la enfermedad. Es quien asume todo aquello que el paciente va dejando de hacer. Suele ser la persona que se encarga de que el paciente siga los tratamientos adecuadamente, además de estar velando por su seguridad. Tanto física como emocionalmente, es una tarea difícil. Por eso, la demencia impacta en la vida no solo del paciente, sino también en la del cuidador.

1. Encuentre tiempo para sí mismo: Aproveche el cuidado del relevo para pasar tiempo haciendo algo que disfrute. El

cuidado de relevo brinda a los cuidadores un descanso temporal del constante cuidado que proporcionan, mientras que la persona con Alzheimer continúa recibiendo atención en un entorno seguro. Visite alz.org/care para obtener más información sobre el cuidado de relevo.

2. Sepa qué recursos de la comunidad están disponibles: Comuníquese con la Asociación de Alzheimer o use nuestro buscador de recursos comunitarios disponible en línea para encontrar servicios que puedan ayudarlo a administrar las tareas diarias.

3. Conviértase en un cuidador educado: A medida que la enfermedad progresa, pueden ser necesarias nuevas habilidades de cuidado. La Asociación de Alzheimer ofrece programas para ayudarlo a comprender mejor y hacer frente a los cambios de personalidad que a menudo acompañan al Alzheimer. Visite el Centro de Cuidadores de Alzheimer y Demencia en alz.org/care para obtener más información y acceder a recursos de capacitación en cuidado, incluidos talleres gratuitos de aprendizaje electrónico.

4. Obtenga ayuda y encuentre apoyo: Busque el apoyo de familiares, amigos y personas que puedan relacionarse con su situación. Cuídese. Observe su dieta, haga ejercicio y descanse lo suficiente. Asegúrese de mantenerse saludable; esto le ayudará a ser un mejor cuidador.

5. Controle su nivel de estrés. El estrés puede causar problemas físicos (visión borrosa, irritación estomacal, presión arterial alta) y cambios en el comportamiento (irritabilidad, falta de concentración, cambios en el apetito). Esté atento a sus síntomas. Utilice técnicas de relajación que funcionen para usted y hable con su médico.

6. Acepte los cambios a medida que ocurren. Las personas con Alzheimer cambian, y sus necesidades también. Es posible que requieran cuidados más allá de lo que usted puede brindar por su cuenta. Tomar conciencia de los recursos comunitarios, desde los servicios de atención domiciliaria hasta la atención residencial, debería facilitar la transición. También lo hará el apoyo y la asistencia de quienes lo rodean.

## Finanzas y Planificación Legal:

Tomar decisiones sobre las finanzas y la planificación legal es fundamental para garantizar que los recursos estén disponibles y se utilicen de manera efectiva para el cuidado y el bienestar de la persona con demencia.

Reúna los documentos importantes. En casos de emergencia o cuando la persona con demencia ya no puede administrar sus propios asuntos, los miembros de la familia o un apoderado legal necesitarán acceso a documentos cruciales, como el testamento vital o los documentos financieros. Para asegurarse de que se cumplan los deseos de la persona con demencia, guarde estos documentos en un lugar seguro y proporcione copias a familiares u otras personas de confianza. Un abogado también puede conservar una copia de estos documentos.

*https://www.nia.nih.gov/espanol/planificacion-legal-financiera/planificacion-legal-financiera-personas-demencia]*

## Adaptación a Nuevas Dinámicas

Es crucial adaptarse a las nuevas dinámicas familiares a medida que la demencia progresa. Esto podría incluir ajustes en la rutina diaria, actividades compartidas y formas de comunicarse.

## Aceptación y Flexibilidad

Tomar decisiones que fomenten la aceptación y la flexibilidad en lugar de resistirse al cambio es clave. La adaptación a las nuevas circunstancias puede facilitar la creación de un entorno de cuidado más positivo.

Estas decisiones no solo afectan a la persona con demencia, sino que también tienen un impacto significativo en la calidad de vida de toda la familia. La colaboración y el apoyo mutuo son esenciales para navegar por este camino desafiante.

## Aceptación como Llave a la Transformación

La aceptación, finalmente, se convirtió en la llave que nos permitió entrar en un nuevo capítulo de nuestra relación con nuestra madre. Fue un proceso doloroso pero liberador. Aceptar la nueva realidad nos permitió abrazar a la mujer que era en ese momento, con todas sus vulnerabilidades y desafíos. No se trataba de renunciar al pasado, sino de encontrar una manera de caminar juntos en el presente.

## Los Caminos por Delante

Planificación y Cuidado a Largo Plazo. Una vez que la verdad del diagnóstico se posó ante nosotros, comenzamos a explorar los caminos que se abrían. La planificación y el cuidado a largo plazo se convirtieron en una prioridad. Anticipar las necesidades futuras y buscar recursos para brindar el mejor cuidado posible a nuestra madre se convirtieron en nuestra misión compartida.

**Aquí hay algunas razones por las cuales esto es de gran importancia**

## Calidad del Cuidado

La planificación a largo plazo permite establecer estrategias para proporcionar un cuidado continuo y de calidad, abordando las necesidades cambiantes de la persona con demencia a medida que la enfermedad progresa.

## Bienestar del Paciente

La planificación anticipada puede mejorar el bienestar general del paciente al garantizar que se tomen decisiones en línea con sus deseos y valores. Esto incluye la elección de opciones de atención y el respeto de sus preferencias personales.

## Alivio para la Familia

La planificación ayuda a aliviar el estrés y la carga emocional para la familia al proporcionar una guía clara sobre cómo abordar los desafíos del cuidado. Esto puede incluir decisiones sobre dónde se brindará el cuidado y cómo se manejarán las cuestiones legales y financieras.

## Recursos Financieros

La demencia a menudo implica costos significativos, ya sea en términos de atención domiciliaria, servicios médicos o instalaciones especializadas. La planificación financiera a largo plazo permite evaluar los recursos disponibles y tomar decisiones informadas sobre su uso.

## Planificación Legal

Esto aborda cuestiones legales importantes, como poderes notariales, testamentos en vida y designación de apoderados de atención médica y financieros. Estos documentos son esenciales para asegurar que los deseos del paciente se respeten y que se tomen decisiones en su mejor interés.

## Transiciones Graduales

La planificación permite transiciones graduales a medida que la demencia avanza. Esto puede incluir ajustes en el entorno del hogar, la implementación de apoyos adicionales y la preparación para cambios en las necesidades médicas.

## Acceso a Recursos

Facilita el acceso a recursos comunitarios y servicios de apoyo, como grupos de apoyo para cuidadores, programas de día para personas con demencia y servicios de respiro.

En general, la planificación y el cuidado a largo plazo proporcionan una estructura que ayuda a enfrentar los desafíos de la demencia de manera más efectiva, permitiendo que tanto la persona afectada como sus seres queridos mantengan la calidad de vida en la medida de lo posible.

## La Comunicación Abierta: Desafíos y Conexiones

Las decisiones cruciales requerían una comunicación abierta y sincera entre los miembros de la familia. Al compartir pensamientos y preocupaciones, nos dimos cuenta de que cada uno llevaba su propio equipaje emocional. A pesar de los desafíos, esta comunicación nos unió más allá de las diferencias y reforzó nuestra unidad.

La comunicación abierta y sincera entre los miembros de la familia es esencial cuando se enfrentan desafíos relacionados con la demencia. Aquí hay algunas razones clave por las cuales esta comunicación es fundamental:

## Comprensión Compartida

La demencia puede afectar a cada miembro de la familia de manera única. La comunicación abierta facilita la comprensión compartida de la situación, permitiendo que todos estén en la misma página sobre los síntomas, el progreso de la enfermedad y las necesidades cambiantes.

## Toma de Decisiones Conjunta

Muchas decisiones relacionadas con la demencia, como las opciones de tratamiento, la planificación a largo plazo y los cuidados diarios, requieren la participación y el consenso de la familia. La comunicación abierta facilita la toma de decisiones conjunta, considerando las opiniones y preferencias de todos los involucrados.

## Apoyo Emocional

La demencia puede tener un impacto emocional significativo en los miembros de la familia. La comunicación abierta crea un espacio para expresar emociones, preocupaciones y necesidades emocionales, fomentando el apoyo mutuo y la comprensión durante momentos difíciles.

## Evitar Malentendidos

La falta de comunicación puede llevar a malentendidos y conflictos dentro de la familia. La demencia a menudo genera situaciones complejas que requieren una comprensión clara y un enfoque colaborativo para evitar tensiones innecesarias.

Al principio, todos en la familia estábamos decididos a superar cualquier barrera de comunicación para evitar malentendidos y permitir que todo fluyera con fuerza y determinación. Con el tiempo, todo cambió. Dejaron que yo sola tomara todas las decisiones importantes relacionadas con nuestra madre, y eso no debió suceder. No te puedes imaginar el precio tan alto que tienes que pagar por permitir esto.

## Planificación Anticipada

La comunicación abierta facilita la planificación anticipada. Discutir temas como las preferencias de atención, las decisiones legales y financieras, y los deseos del paciente permite una planificación más efectiva y menos estresante para todos.

## División de Responsabilidades

En el contexto del cuidado, la comunicación abierta ayuda a dividir las responsabilidades de manera equitativa entre los miembros de la familia y otros cuidadores involucrados. Esto evita la sobrecarga de un solo individuo y garantiza un cuidado más efectivo.

## Fomentar la Empatía

La demencia puede generar frustración y estrés. La comunicación abierta fomenta la empatía al permitir que los miembros de la familia comprendan mejor las experiencias y desafíos de los demás, fortaleciendo así los lazos familiares.

En resumen, la comunicación abierta y sincera crea un entorno donde los miembros de la familia pueden abordar los desafíos de la demencia de manera colaborativa, ofreciendo apoyo mutuo y tomando decisiones informadas para el bienestar de todos.

# El Respeto a las Preferencias de Nuestra Madre

## Un Acto de Amor

Cada decisión estaba guiada por el deseo de honrar las preferencias y deseos de nuestra madre. Siempre fuerte e independiente, ella merecía que sus deseos fueran respetados incluso en la luz cambiante de su realidad. A medida que discutíamos opciones, tratábamos de que su voz y sus valores fueran escuchados dentro de lo razonable.

No fue una tarea fácil, ya que ella exigía su independencia como lo hacía antes. Quería manejar su dinero sin que ninguno de nosotros interviniera; sin embargo, esto era imposible, ya que era un peligro dejar dinero en sus manos. Hubo pérdidas que nunca supimos cómo pudieron suceder.

Me aseguré de que me firmara un poder notarial para manejar sus finanzas y que su dinero estuviera a salvo y se usara para sus necesidades.

A medida que asumimos decisiones y responsabilidades, nuestros roles evolucionan. De hijos a cuidadores, esta deberá ser una tarea compartida, convirtiéndonos de hermanos a defensores y encontrando fortaleza en las relaciones familiares para que todo fluya adecuadamente. Aprendan a adaptarse y apoyarse mutuamente mientras enfrentan las tormentas y los rayos de sol juntos.

## Caminando Juntos, Superando Obstáculos

Las decisiones cruciales que enfrentamos como familia no estuvieron exentas de obstáculos. Desde la elección de la mejor atención médica hasta el manejo de los desafíos cotidianos, cada paso del camino presentaba pruebas que requerían resiliencia y empatía. Sin embargo, enfrentamos estos obstáculos con un sentido compartido al principio; después, toda la responsabilidad del cuidado de mi madre recayó sobre mí. Lo importante es que todos en la familia se involucren en cada proceso y decisiones médicas, todo el tiempo. Es un camino escarpado lleno de altibajos, y no debería recaer únicamente en un solo miembro de la familia.

Haz todo lo posible por que tu ser querido tenga toda la ayuda posible de la familia, involúcralos, haz que participen. No eres el salvador de nadie; estás brindando apoyo y amor a esa persona que necesita y merece ser atendida en esta etapa tan crucial. Ayúdale dentro de lo razonable a tener una vida con sentido, pero debes entender que tú solo no puedes. Si tu familia no está o no quiere estar, aun así, te sugiero que busques apoyo de otras entidades, incluso de tu comunidad.

En este capítulo, exploramos cómo el diagnóstico no solo trajo consigo la verdad de la demencia, sino también decisiones que moldearon nuestro camino como familia. A través de la aceptación, la planificación, la comunicación y el respeto, aprendimos la importancia de unirse como familia para llevar con éxito la difícil tarea del cuidado de ese ser querido con demencia.

44

# Capítulo 5
# Mi Decisión de Cuidar a mi Madre, la Intensa Lucha

Después de haber hablado con mi esposo sobre la posibilidad de traer a mamá a vivir con nosotros, seguí meditando y orando al respecto. No fue una decisión fácil; tenía que ver el cuadro completo y todo lo que estaría involucrado. Desde hacer algunas modificaciones a la casa, dejar de trabajar para dedicarme por completo a cuidar de ella. También cuidaba de mi nieto de 6 años que sufre de autismo. Era necesario sentarme a planificar bien, con mente fría, dejando que la razón fuera más fuerte que el corazón.

*Porque, ¿quién de nosotros, queriendo edificar una torre, no se sienta primero y calcula los gastos, a ver si tiene lo que necesita para acabarla? (Lucas 14:28)*

# ECOS DE AMOR EN LA DEMENCIA
## (poema dedicado a mi madre)

47

En la tela del recuerdo, danzas sutiles,

sombras que se deslizan en pasillos frágiles.

El eco del olvido susurra en la penumbra,

donde el ayer se desvanece, y la luz se sumerge

en la bruma.


En el jardín de la memoria de mi madre,

flores desvanecen, pétalos que caen,

mientras el tiempo enmudece.

Caminos enredados en la madeja del pensar,

donde los sueños danzan en un eterno recordar.


Los suspiros del ayer se entrelazan con la neblina,

en el rincón del olvido, donde la mente declina.

En cada mirada de mi madre,

destellos de un universo borroso,

donde se entiende el amor en su lenguaje hermoso.


Entre las sombras de la demencia, un hilo persiste,

el lazo del afecto, que el tiempo no desiste.

En el baile de los recuerdos, persiste la conexión,

un lazo eterno, en el corazón, fiel canción.


Así, en la danza del olvido y la ternura,

se teje un poema de amor que perdura.

Donde la demencia no apaga la luz de un lazo,

y en cada nota del olvido, el amor de mi madre

está en un cálido abrazo.

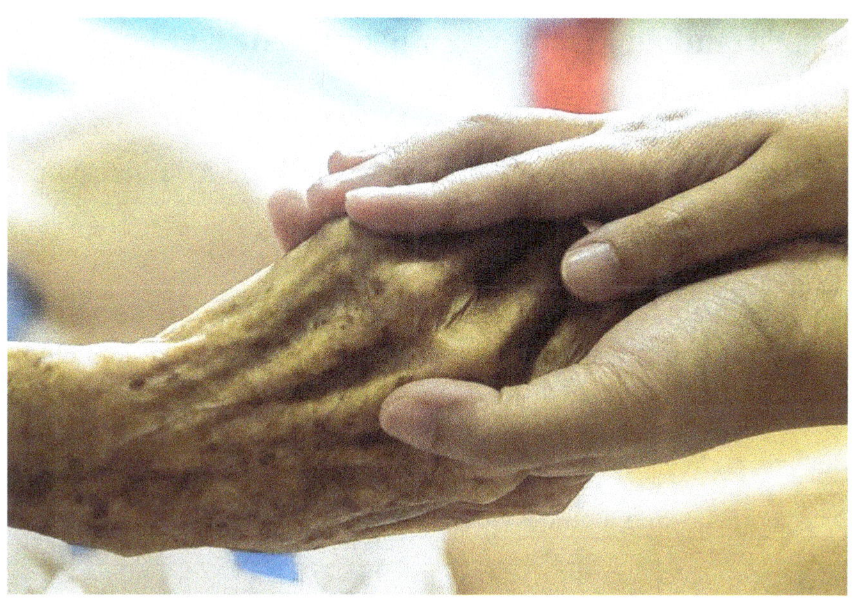

## "Abrazando un Camino Empedrado de Cuidado"

El apóstol Pablo escribió a los cristianos: "Que estos [hijos o nietos] aprendan primero a practicar devoción piadosa en su propia casa y a seguir pagando la debida compensación a sus padres y abuelos, porque esto es acepto a vista de Dios."

(1 Timoteo 5:4). Los hijos mayores ofrecen esta "debida compensación" agradeciendo los años de amor, trabajo y cuidado que sus padres y abuelos les han dedicado. Un modo de hacerlo es reconociendo que, como todo el mundo, los mayores necesitan ser amados y reconfortados, especialmente si están sufriendo alguna enfermedad que requiera el amoroso cuidado y la paciencia de los hijos. Como todos nosotros, necesitan sentir que se les valora. Necesitan sentir que su vida vale la pena.

La determinación de cuidar a nuestros padres envejecientes es un compromiso que emana del profundo amor y el deseo de brindarles un apoyo inquebrantable en esta etapa de sus vidas. Para mí, no hubo titubeos cuando decidí que sería yo quien se encargaría del cuidado de mi madre. Sin embargo, lo que parecía un camino claro y sencillo se convirtió en un desafío que pondría a prueba mi paciencia, fortaleza y amor.

## La Fuente de Determinación

Mi madre siempre fue mi ejemplo de lucha, la roca sobre la

cual construí mi fortaleza para no rendirme ante los desafíos que la vida me presentara. Cuidarla era una extensión natural de amor y gratitud por toda su intensa lucha para sacar adelante a cinco hijos. Pensé que sería una tarea que abrazaría con facilidad, pues el amor que sentía por ella era una fuerza que guiaba mis decisiones. Quería que este proceso fuera lo menos doloroso posible para ella, como un tributo a su arduo trabajo y dedicación que nos había dado durante toda la vida.

La Palabra de Dios aconseja: "Ante canas debes levantarte, y tienes que mostrar consideración a la persona del envejecido" (Levítico 19:32).

## La Realidad de la Transformación

Sin embargo, no pude evitar tropezar con la realidad de que la madre que conocía ya no era la misma. Aunque su carácter fuerte y decidido aún asomaba entre las sombras, había elementos nuevos en su personalidad, sutiles matices que reflejaban la influencia de la demencia. Era un equilibrio delicado entre el pasado y el presente, entre la mujer que había sido y la que estaba siendo moldeada por circunstancias que no podía controlar.

A veces, lo que dificulta honrar a los padres mayores es la mala relación que los hijos tuvieron con ellos en el pasado. Quizá nuestro padre fue frío y poco cariñoso, y nuestra madre, dominante y severa. Es posible que aún nos sintamos frustrados, molestos o dolidos porque no fueron los padres que hubiéramos deseado. ¿Pueden superarse estos sentimientos?

Tanto en la familia como en toda situación de la vida es aplicable este consejo bíblico: "Vístanse de los tiernos cariños de la compasión, la bondad, la humildad mental, la apacibilidad y la gran paciencia. Continúen soportándose unos a otros y perdonándose liberalmente unos a otros si alguno tiene causa de queja contra otro. Como Jehová los perdonó liberalmente a ustedes, así también háganlo ustedes" (Colosenses 3:12, 13).

Atender a un padre enfermo es difícil, pues implica muchas tareas, responsabilidades y mucho tiempo. Pero la parte más dura suele ser de naturaleza emocional. Es angustioso ver a los padres perder la salud, la memoria y la independencia.

Sandy, que procede de Puerto Rico, relata: "Mi madre era el núcleo de nuestra familia. Fue muy doloroso atenderla cuando ella era tan independiente. Empeoró progresivamente, necesitó atención constante: día y noche. La bañábamos, la alimentábamos y le leíamos. Fue muy difícil, especialmente en sentido emocional. Cuando me di cuenta de que mamá se moría, lloré porque la amaba mucho. El amor de Dios nos abrazó y nos confortó de manera muy especial.

## El Desafío de la Cooperación

Encontrar la manera de colaborar en asuntos relacionados

con su salud se convirtió en un desafío formidable. Si bien al principio cooperó con la atención médica, con el tiempo, incluso tareas aparentemente simples se volvieron complicadas. El acto de tomar medicamentos, algo que parecía trivial en el pasado, se convirtió en un duelo entre su resistencia y mi persistencia. Cada dosis, cada día, se convirtió en una batalla emocional y mental.

La cooperación en la atención médica es fundamental para garantizar que la persona con demencia reciba el cuidado adecuado. Sin embargo, a medida que la enfermedad avanza, esta cooperación puede convertirse en un obstáculo emocional y mental para los cuidadores. Este capítulo explora las dificultades que surgen cuando se trata de lograr la cooperación de la persona con demencia en cuestiones de salud y bienestar.

La cooperación en la toma de medicamentos puede ser un desafío significativo tanto para la persona con demencia como para su cuidador. Aquí se exploran algunos de los desafíos comunes en este aspecto:

**Olvido y Confusión:** Las personas con demencia pueden experimentar olvido y confusión, lo que dificulta recordar la necesidad de tomar medicamentos regularmente. Además, pueden olvidar si ya tomaron la dosis, lo que lleva a situaciones de duplicación o falta de medicación.

**Resistencia a la Dependencia:** Algunas personas con

demencia resisten la idea de depender de otros para el cuidado, incluida la administración de medicamentos. Esto puede manifestarse como resistencia abierta, rechazo de la medicación o incluso ocultar las píldoras.

**Desconfianza en la Medicación:** La demencia a menudo afecta la capacidad de comprensión. La persona puede desarrollar desconfianza hacia los medicamentos, creyendo que son perjudiciales o que no son necesarios. Esto puede dificultar persuadirlos para que tomen la medicación.

**Cambios en el Gusto y Olfato:** Algunos medicamentos pueden tener un sabor o aroma desagradable. Las personas con demencia pueden volverse más sensibles a estos aspectos, lo que resulta en rechazo a tomar la medicación.

En personas con Alzheimer, los cambios en el gusto y el olfato pueden afectar también su apetito y preferencias alimenticias. Algunas posibles razones incluyen:

Pérdida de Sensibilidad Olfativa y Gustativa: La enfermedad puede afectar los receptores sensoriales, haciendo que la persona no pueda percibir los sabores y olores tan claramente como antes.

Dificultades para Reconocer Alimentos: La persona puede tener dificultades para reconocer los alimentos, lo que puede influir en su disposición a probar nuevos platillos.

Cambios en la Textura y Temperatura: Pueden surgir preferencias por ciertas texturas o temperaturas de los alimentos.

Influencia de Medicamentos: Algunos medicamentos pueden afectar el gusto y el olfato como efecto secundario.

Es esencial adaptar las comidas a las preferencias cambiantes y garantizar una nutrición adecuada. Experimentar con diferentes texturas y presentaciones de alimentos, así como buscar la orientación de profesionales de la salud, puede ayudar a abordar estos desafíos.

**Dificultades Motoras:** La demencia también puede afectar las habilidades motoras finas, lo que hace que sea difícil para la persona manejar las píldoras, abrir envases o tomar líquidos que contengan medicamentos.

**Desafíos de Comunicación:** La comunicación efectiva sobre la necesidad de tomar medicamentos puede ser complicada. Las personas con demencia pueden tener dificultades para comprender las instrucciones o expresar si experimentan efectos secundarios.

**Cambios en la Rutina:** Las alteraciones en la rutina diaria pueden afectar la consistencia en la toma de medicamentos. Eventos inesperados o cambios en el entorno pueden causar interrupciones en la administración adecuada.

**Para abordar estos desafíos, los cuidadores pueden considerar estrategias como:**

**Simplificación del Régimen:** Reducir la complejidad del régimen de medicamentos puede facilitar la administración.

**Uso de Recordatorios Visuales:** Utilizar calendarios, alarmas o recordatorios visuales para ayudar a la persona a recordar cuándo tomar la medicación.

**Involucramiento en el Proceso:** Permitir que la persona participe en la medida de lo posible, brindándoles opciones o explicando de manera comprensible la necesidad de la medicación.

**Adaptaciones en la Forma de Presentación:** Buscar formulaciones de medicamentos más agradables, como líquidos o tabletas triturables, puede facilitar la administración.

**Establecer Rutinas Consistentes:** Mantener una rutina diaria consistente puede ayudar a establecer hábitos en la toma de medicamentos.

La comprensión de estos desafíos y la implementación de estrategias personalizadas pueden mejorar la cooperación en la toma de medicamentos y contribuir al bienestar general de la persona con demencia.

## Batallas Diarias por la Medicación

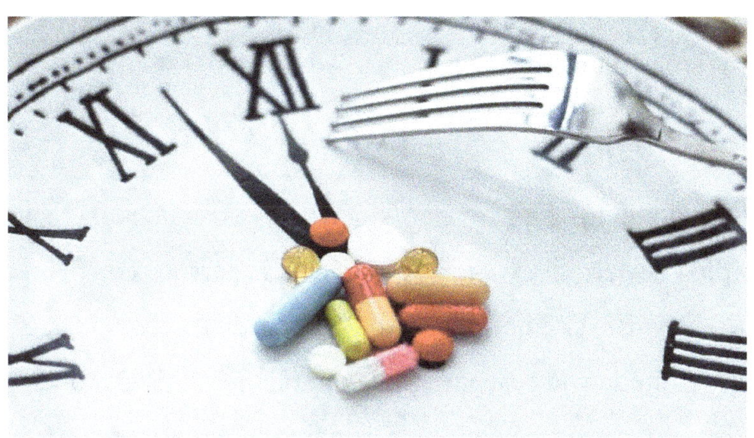

**Claudia comparte:** "Como su cuidadora, ha sido todo un desafío lograr que mi madre tome sus medicamentos de acuerdo con las indicaciones médicas. Descubrí que fingía tomar sus píldoras, escondiéndolas bajo la lengua y luego yéndose al baño para escupirlas. Lo peor de todo es que en muchas ocasiones no me di cuenta, ya que las arrojaba al inodoro y las hacía desaparecer. Hubo días en los que noté que estaba más ansiosa, confundida y discutía por cualquier motivo. Esa fue la señal de alarma que me llevó a prestar atención a lo que estaba ocurriendo. Desafortunadamente, tuve que instalar cámaras incluso en el baño para entender lo que sucedía durante sus largas estancias allí…"

En las etapas iniciales de la demencia, es posible que la persona con la enfermedad esté dispuesta a tomar su medicación sin problemas. Sin embargo, a medida que la demencia progresa, cada dosis de medicamento se convierte en una prueba de paciencia y perseverancia. El acto aparentemente sencillo de tomar una pastilla se convierte en una lucha emocional y mental constante.

## La Pérdida de la Perspectiva

Uno de los desafíos más significativos en la cooperación es la pérdida de perspectiva que experimenta la persona con demencia. Pueden olvidar la importancia de los medicamentos, negarse a tomarlos debido a la desconfianza o simplemente olvidar que deben hacerlo. Esto puede generar frustración y preocupación en los cuidadores, ya que buscan la manera de recordar constantemente la importancia de la medicación.

"Mi frustración era evidente al no lograr que mi madre tomara su medicamento. Al principio, opté por estrategias que trataban de asustarla, como decirle 'si no tomas tu medicamento te puedes morir' o 'si no tomas el medicamento pronto, no sabrás quién soy yo'. Sin embargo, mi madre seguía aferrándose a sus creencias sobre los medicamentos, argumentando: 'Tú y los doctores me quieren matar'. En lugar de lograr que tomara los medicamentos, estas palabras solo provocaron más enojo y resistencia por parte de ella."

## Estrategias para Fomentar la Cooperación

A pesar de los obstáculos, existen estrategias efectivas para fomentar la cooperación en el cuidado de la salud. Exploraremos cómo crear rutinas de medicación, utilizar recordatorios visuales y establecer un ambiente tranquilo y relajante para la administración de medicamentos. Además, consideraremos la importancia de la comunicación y la empatía al abordar este desafío.

Fomentar la cooperación de una persona con demencia para tomar sus medicamentos puede ser un desafío, pero hay estrategias que podrían ayudar.

**Establecer Rutinas:** Administra los medicamentos en momentos específicos del día y crea una rutina coherente. La consistencia puede ayudar a que la persona se sienta más segura y cómoda con el proceso.

**Usar Recordatorios Visuales:** Emplea recordatorios visuales, como calendarios o pizarras, para indicar cuándo es el momento de tomar los medicamentos. Esto puede ayudar a compensar las dificultades con la memoria.

**Ofrecer Opciones:** Donde sea posible, proporciona opciones limitadas para que la persona sienta un mayor sentido de control. Por ejemplo, preguntar si prefiere tomar el medicamento con agua o jugo.

### Uso de Pastilleros o Dispensadores Automáticos:

Utiliza pastilleros que estén marcados con los días de la semana o usa dispensadores automáticos para organizar las dosis. Esto puede hacer que la tarea parezca más manejable.

**Incorporar Algo Placentero:** Combina la toma de medicamentos con algo placentero. Puede ser escuchar música favorita, ver un programa de televisión o recibir un pequeño premio después de tomar los medicamentos.

**Involucrar en la Tarea:** Si es posible, involucra a la persona en el proceso. Por ejemplo, permitirle sostener el vaso de agua o darle una participación activa puede hacer que se sienta más incluida.

**Hablar con Calma:** Mantén una comunicación tranquila y paciente al abordar la toma de medicamentos. Evita el tono autoritario, ya que esto puede generar resistencia.

**Buscar el Momento Adecuado:** Intenta administrar los medicamentos cuando la persona esté más relajada y receptiva. Evita situaciones estresantes que puedan aumentar la resistencia.

**Considerar Formas Alternativas:** Consulta con el médico sobre posibles formas alternativas de administrar medicamentos, como líquidos o parches, si la toma de pastillas resulta difícil.

**Comunicación Clara:** Explica claramente por qué es importante tomar los medicamentos y cómo pueden beneficiar a la persona. A veces, comprender la razón detrás del medicamento puede aumentar la cooperación.

**Comunicación empática:** Escuchar atentamente sus preocupaciones y miedos, y hablar con comprensión y empatía, puede ayudar a establecer una base de confianza.

**Simplificar las instrucciones:** Asegúrate de que las instrucciones sean claras y simples. Evita el uso de jerga médica y proporciona información paso a paso.

**Refuerzo positivo:** Reconoce y elogia cuando cooperen en su cuidado. Puede ser útil utilizar un sistema de recompensas o llevar un registro de los logros para motivar la cooperación.

**Involucrar a un profesional de la salud mental:** En algunos casos, puede ser beneficioso consultar a un profesional de la salud mental que tenga experiencia en tratar con pacientes que pueden resistirse a la atención médica.

**Educación continua:** Proporciona información sobre la importancia de seguir las recomendaciones médicas y el impacto en su salud. A veces, comprender las consecuencias puede motivar la cooperación.

**Mantener un registro:** Llevar un registro de los síntomas, las citas médicas y los medicamentos puede ayudar a seguir el progreso y facilitar la comunicación con el médico.

**Apoyo de grupo:** Unirte a un grupo de apoyo de cuidadores o pacientes puede proporcionar orientación y consejos útiles sobre cómo abordar situaciones difíciles.

**Ser paciente:** La paciencia es fundamental. Comprende que la resistencia puede ser parte de la enfermedad y que puede llevar tiempo establecer una cooperación sólida.

Recuerda que cada persona es única, por lo que es posible que debas adaptar estas estrategias según las necesidades y preferencias específicas de la persona que cuidas. La comunicación abierta y el enfoque en el bienestar de la persona son fundamentales.

## El Papel del Cuidador en la Cooperación:

El cuidador juega un papel fundamental en la promoción de la cooperación. A medida que enfrentamos el desafío de la cooperación en el cuidado de la demencia, recordemos que la paciencia y la comprensión son clave. Cada día puede presentar desafíos, pero con estrategias efectivas y el apoyo adecuado, podemos superar estas barreras y garantizar que nuestros seres queridos reciban el cuidado que necesitan.

**Supervisión y Recordatorio:** El cuidador puede proporcionar supervisión constante y recordatorios para asegurarse de que la persona tome sus medicamentos según lo recetado.

**Adaptación a Preferencias Cambiantes:** Dada la posible variación en las preferencias y comportamientos del paciente, el cuidador puede adaptar la forma de administrar los medicamentos para que sea más aceptable.

**Comunicación Empática:** La comunicación empática del cuidador es esencial para comprender y abordar las preocupaciones o miedos que la persona pueda tener sobre los medicamentos.

**Manejo de Efectos Secundarios:** Si la persona experimenta efectos secundarios, el cuidador puede comunicarse con el médico para ajustar la medicación o explorar otras opciones.

**Promoción de Rutinas:** Establecer rutinas coherentes puede ayudar a integrar la toma de medicamentos en la vida diaria, facilitando la cooperación.

**Monitoreo de Respuestas:** El cuidador puede estar atento a las respuestas del paciente a la medicación y comunicar cualquier cambio al equipo médico.

En resumen, el cuidador desempeña un papel fundamental al facilitar la cooperación del paciente en el manejo de sus medicamentos, contribuyendo así al bienestar general.

## El Deseo de Preservar su Dignidad:

Como cuidador, mi deseo constante ha sido preservar la dignidad de mi madre en medio de esta lucha. He aprendido a reconocer que su resistencia no es simplemente obstinación, sino una expresión de su humanidad y sus emociones en evolución. A medida que exploramos este nuevo territorio juntas, mi papel no es solo cuidar de sus necesidades físicas, sino también apoyar su bienestar emocional.

Es crucial que los cuidadores comprendan que la resistencia de la persona con demencia no es simplemente obstinación. Es una expresión de sus emociones en evolución. A medida que la demencia afecta su capacidad para comprender y comunicarse, la resistencia se convierte en su forma de manifestar sus deseos y necesidades. En este capítulo, aprenderemos a reconocer y comprender la resistencia, en lugar de interpretarla como desobediencia.

## El Cuidado Emocional

Las personas con demencia suelen experimentar cambios en sus respuestas emocionales. Es posible que tengan menos control sobre sus sentimientos y sobre cómo expresarlos. Por ejemplo, alguien puede reaccionar exageradamente a las cosas, experimentar cambios rápidos de humor o sentirse irritable. También pueden parecer inusualmente distantes o desinteresados en las cosas.

Estos cambios suelen ser difíciles de afrontar para los cuidadores. Puede resultar útil recordar que estos cambios son causados en parte por daños en el cerebro de la persona. Alguien puede reaccionar más emocionalmente ante una situación de lo esperado debido a una disminución en su capacidad para pensar con claridad o la pérdida de recuerdos objetivos.

Es importante mirar más allá de las palabras o los comportamientos que ves, hacia los sentimientos que la persona podría estar tratando de expresar. Las emociones fuertes también pueden ser causadas por necesidades insatisfechas. Los cuidadores deben intentar determinar cuáles son estas necesidades.

Ofrece a la persona muchos elogios y aliento: celebra los éxitos y concéntrate en los aspectos positivos.

Evita críticas duras o comentarios despectivos.

Asegúrate de que las personas tengan tiempo para realizar las actividades que disfrutan o que les dan un propósito.

Si una persona comete un error, trata de brindarle el mayor apoyo posible.

Ayuda a las personas a mantener las relaciones sociales existentes y formar otras nuevas. Esto se puede hacer organizando actividades conjuntas con amigos y familiares, uniéndose a grupos de pasatiempos y fomentando la conversación.

## Fomentar la Autonomía

A pesar de la pérdida progresiva de la autonomía, es importante fomentar la independencia en la medida de lo posible. Este capítulo destacará cómo brindar opciones y tomar decisiones conjuntas puede ayudar a preservar la dignidad de la persona con demencia. Desde la elección de la ropa hasta la participación en actividades, el cuidador debe fomentar la toma de decisiones.

## Aquí tienes algunos consejos que pueden resultar útiles:

**Adaptar el Entorno:** Realiza ajustes en el entorno para que sea más accesible y seguro. Etiqueta los objetos, utiliza colores contrastantes y elimina posibles obstáculos.

**Simplificar Tareas:** Descompón las tareas diarias en pasos más simples y proporciona instrucciones claras. Esto facilita que la persona pueda realizarlas por sí misma en la medida de lo posible.

**Ofrecer Opciones:** Proporciona opciones limitadas para que la persona pueda tomar decisiones. Esto le brinda un sentido de control y autonomía.

**Uso de Tecnología Asistencial:** Considera la posibilidad de utilizar dispositivos o tecnologías diseñadas para apoyar la independencia, como recordatorios de voz o sistemas de monitoreo.

**Fomentar la Participación:** Involucra a la persona en actividades adaptadas a sus capacidades. Puede ser desde doblar la ropa hasta participar en actividades recreativas que le resulten placenteras.

En mi caso, incrementar las actividades que a mi madre le gustaban resultó de gran ayuda y la mantuvo relajada durante largos periodos de tiempo. Estas actividades incluían jugar al dominó, participar en partidas de lotería (bingo), dar caminatas alrededor de un parque o lago, ver sus programas favoritos de televisión, colorear y escuchar su música favorita. Incluso, no me oponía a que, si así lo deseaba, lavara los platos.

**Apoyo en la Movilidad:** Proporciona ayudas para la movilidad, como bastones o andadores, para que la persona pueda desplazarse con seguridad y mantener cierto grado de independencia.

"La doctora de mi madre me recomendó que, incluso antes de que mi madre necesitara un andador, se lo proporcionara para que se familiarizara con él. Las personas con demencia van perdiendo poco a poco sus habilidades, y aprender nuevas técnicas resulta difícil. Así que es una buena idea hacerles la vida más fácil antes de que pierdan toda capacidad."

**Establecer Rutinas**: Mantener rutinas predecibles puede proporcionar un sentido de estructura y ayudar a la persona a realizar tareas de manera más independiente.

- Intente mantener una rutina establecida, como bañarse, vestirse y comer a la misma hora todos los días.
- Ayude a la persona a hacer listas de las cosas que debe hacer y anote las citas y actividades en un cuaderno o calendario.
- Planifique actividades que la persona disfrute e intente realizarlas a la misma hora todos los días.
- Considere el uso de un sistema de recordatorios para tomar medicamentos regularmente.
- Al vestirse o bañarse, permita que la persona haga todo lo que pueda por sí misma.

- Proporcione ropa holgada y cómoda que sea fácil de usar, como prendas con elástico en la cintura y cierres simples en lugar de cordones, botones o hebillas.

- Use una silla para la ducha que sea resistente para evitar caídas.

- Sea amable y respetuoso al ayudar con el baño o el vestido.

- Sirva los alimentos en un lugar familiar, dando suficiente tiempo para comer.

**Apoyo Social:** Facilita la interacción social. La conexión con amigos, familiares u otros cuidadores puede ser una fuente de apoyo y estimulación.

Para mí, resultó muy beneficioso establecer una rutina de llevar a mi madre a la iglesia dos días a la semana. Se sentía cómoda con las personas que asistían, y todos la trataban con amabilidad y respeto. De hecho, muchos la llamaban "la madre de nuestra congregación". Esto, sin duda, también era muy gratificante para mí, convivir con personas espirituales que entendían el papel tan importante que estaba desempeñando como cristiana. Los ancianos, pastores de mi congregación, oraban conmigo. Aunque no recuerdo las palabras específicas que decían, sí recuerdo cómo me sentía. Era como si Jehová me estuviera diciendo 'No estás sola'.

(Is. 41:10, 13).

(Visita JW.ORG)

**Fomentar el Autocuidado:** Anima a la persona a participar en actividades de autocuidado, como vestirse o peinarse, según sus capacidades.

**Adaptar la Alimentación:** Proporciona alimentos que sean fáciles de manejar y adaptados a las capacidades de la persona. Considera utensilios diseñados para facilitar la alimentación.

**Comunicación Clara:** Utiliza una comunicación clara y positiva. Asegúrate de que la persona comprenda la información y ofrécele el tiempo necesario para responder.

**Conservar objetos emocionalmente importantes:**

Es recomendable eliminar objetos decorativos superfluos, pero conservar aquellos que sean emocionalmente significativos para la persona afectada y que favorezcan su orientación e identidad, como fotos familiares o recuerdos personales.

**Celebrar Logros:** Reconoce y celebra los logros, por pequeños que sean, para reforzar la autoestima y motivar a la persona a seguir participando.

Cada persona es única, por lo que es esencial adaptar estas estrategias según las necesidades y capacidades individuales. Además, mantener una actitud paciente y comprensiva es fundamental para apoyar la independencia de quienes viven con demencia.

(Puedes encontrar más consejos sobre el cuidado de familiares con el Alzheimer en blog.fpmaragall.org)

## Celebrando la Humanidad

A medida que avanzamos en esta travesía de cuidado, recordemos que nuestra labor va más allá de brindar atención. Es una oportunidad para celebrar la humanidad de la persona con demencia o Alzheimer. En este capítulo, honramos sus experiencias, emociones y deseos mientras trabajamos juntos para preservar su dignidad en el viaje de la demencia.

## La Renovación Diaria de la Determinación

Cada día se convierte en una renovación de mi determinación. A veces, el camino es empinado y escarpado, lleno de obstáculos que desafían mi paciencia y resistencia. Pero en medio de estas luchas, también encuentro momentos de conexión, momentos en los que su mirada se ilumina con reconocimiento o sus palabras revelan destellos de la mujer que una vez fue. Son estas pequeñas victorias las que me impulsan a seguir adelante.

En este capítulo, exploramos cómo la determinación de cuidar a mi madre se ha entrelazado con la intensa lucha de enfrentar la transformación de la demencia. A medida que aprendemos a navegar por las aguas turbulentas de la cooperación y la resistencia, descubrimos la profundidad de nuestro amor y la importancia de encontrar un equilibrio entre el cuidado físico y el respeto por su dignidad. Cada día se convierte en un recordatorio de que el camino de cuidar es un sendero empedrado de desafíos y recompensas, y mi determinación sigue siendo una llama que me guía a través de las sombras.

# Capítulo 6

# Los Desafíos del Cuidador y su Cuidado

## "Navegando por las Olas de la Cuidadosa Compasión"

El papel del cuidador es un acto de amor que requiere una dedicación inquebrantable, pero también es un viaje que se enfrenta a una serie de desafíos emocionales, físicos y mentales. En este capítulo, exploraremos los desafíos que enfrenta el cuidador mientras cuida de un ser querido con demencia y cómo el cuidado personal también se convierte en una pieza esencial del rompecabezas.

# Tres formas de prevenir el estrés y el agotamiento del cuidador (Daily Caring)

Ganador del premio: Mejor sitio web de cuidado de personas mayores 2023.

Una cosa es decir que debes dejar de lado el estrés y no pensar demasiado en las cosas. Otra cuestión es poner esto en práctica, especialmente cuando el cuidado se prolonga durante años y las preocupaciones están frente a usted.

## 3 sugerencias prácticas:

1. **Ten expectativas realistas.**

Es imposible eliminar todo el estrés, pero puedes minimizar el efecto que tiene en ti. ¡No dejes que el hecho de que te sientas estresado te cause aún más estrés! El único cuidador que existe, descansado, relajado y al tanto de todo, se encontrará sentado entre un unicornio y el abominable muñeco de nieve (¡ja!).

2. **Tome micro descansos.**

Cualquier momento que pueda liberar esa carga de estrés será útil, aunque sea solo por 5 minutos.

Si eso significa tomar 2 minutos adicionales en el baño para visualizarte en una hermosa playa o respirar profundamente, entonces hazlo.

Aquí hay algunas formas más de tomar micro descansos que realmente funcionan:

- Añade unos momentos de gratitud a tu día.

- Relájese en 2 minutos con una útil aplicación móvil (gratuita)

- Obtenga 10 ideas de descanso rápido para usar en cualquier momento

## 3. Obtenga apoyo

Necesita y merece verdaderos descansos de forma regular. Puede parecer imposible obtener ayuda para brindar cuidados, pero es posible formar un equipo en función de los recursos disponibles para usted.

Formas realistas de tomar descansos regulares del cuidado:

- Explore una variedad de formas de obtener ayuda

- Contrata unas horas de ayuda a domicilio cada semana

- Aproveche las organizaciones locales y los recursos de voluntariado

- Encuentre servicios locales de atención de relevo

## Recomendado para ti:

- Cómo afrontar la fatiga por compasión: 8 consejos para cuidadores

- <u>Cinco formas de utilizar un diario para reducir el estrés del cuidador</u>

- <u>5 consejos de expertos para reducir la culpa del cuidador</u>

Consejos y ayuda para cuidadores, (DaylyCaring.com)

## El Peso del Compromiso

El compromiso de cuidar a un ser querido es una elección que lleva consigo un peso significativo. A medida que el cuidador asume la responsabilidad de las necesidades diarias y los desafíos que presenta la demencia, a menudo se encuentra con una carga emocional que puede ser abrumadora. La lucha interna entre el deber y el agotamiento puede convertirse en un desafío constante.

A menudo, cuando asumimos la responsabilidad de cuidar a un ser querido con demencia, sentimos una profunda sensación de deber hacia esa persona. Queremos proporcionarles el mejor cuidado posible, garantizar su seguridad y bienestar, y hacer todo lo que esté a nuestro alcance para mejorar su calidad de vida. Este sentimiento de deber es un motor poderoso que nos impulsa a enfrentar innumerables desafíos y obstáculos en el camino del cuidado.

Sin embargo, este sentido de deber choca en ocasiones con el agotamiento emocional que experimentamos como cuidadores. El cuidado de una persona con demencia puede ser mentalmente agotador. A menudo, no solo enfrentamos el cansancio físico derivado de las tareas diarias de cuidado, como ayudar con la higiene, la alimentación y la movilidad, sino también el agotamiento mental. Nos vemos inmersos en un mundo lleno de incertidumbre, cambios de humor, lapsos de memoria y desafíos constantes para comunicarnos. La sobrecarga emocional puede ser abrumadora.

Además, el sentimiento de agotamiento no siempre está relacionado con la fatiga física; en realidad, es más una fatiga emocional. La constante adaptación a las necesidades cambiantes de la persona con demencia, las discusiones y los desacuerdos que a veces surgen, y la sensación de que ya no tenemos tiempo para nosotros mismos, pueden llevarnos al límite.

Este choque entre el deber y el agotamiento a menudo se ve agravado por la profunda transformación de la relación entre el cuidador y la persona con demencia. La persona a la que cuidamos, que una vez fue fuente de apoyo y guía, ahora depende completamente de nosotros. A menudo, la relación se invierte, y nos encontramos cuidando a alguien que en el pasado podría haber sido un padre, madre o cónyuge independiente y autosuficiente. Aceptar esta inversión de roles puede ser doloroso y emocionalmente agotador.

## Cuando el Amor se Convierte en Obligación

El compromiso de cuidar a un ser querido es un viaje marcado por la intensidad del amor y la responsabilidad. A medida que el cuidador abraza esta tarea, se encuentra sosteniendo un peso significativo que trasciende las dimensiones físicas y emocionales. La demencia agrega un matiz complejo a este compromiso, presentando desafíos que pueden hacer que la carga sea abrumadora.

Gabriel confiesa que al cuidar de su padre con Alzheimer, le hizo vivir un duelo anticipado, ya que veía cambiar gradualmente a su padre, declara: "sentía como si ya hubiera perdido a mi padre aún antes de fallecer".

El duelo anticipado es un proceso emocional que experimentan muchas personas que cuidan a un ser querido con una enfermedad progresiva como la demencia, en el cual se sienten como si ya hubieran perdido a la persona antes de que esta fallezca. Esta experiencia es común en cuidadores debido a varios factores:

**Pérdida de la persona que una vez conocieron:** La demencia transforma la personalidad y la identidad de la persona afectada. Los cuidadores a menudo extrañan la relación que solían tener con su ser querido antes de la enfermedad.

**Cambios en la relación:** La enfermedad puede dar lugar a cambios significativos en la relación entre el cuidador y la persona con demencia. Esto puede incluir el paso de un rol de ser querido a un rol de cuidador, lo que puede ser emocionalmente desafiante.

**Dificultad para comunicarse:** La comunicación se vuelve más difícil a medida que avanza la enfermedad. Los cuidadores pueden sentir que no pueden conectarse o comunicarse de la misma manera con su ser querido.

**Preparación para la pérdida:** A medida que la demencia progresa, los cuidadores a menudo saben que eventualmente perderán a su ser querido. Esto puede crear una sensación de duelo anticipado y anticipación de la pérdida.

El duelo anticipado puede ser una experiencia abrumadora y dolorosa para los cuidadores. Puede manifestarse en una amplia gama de emociones, como tristeza, ansiedad, frustración, ira y, a veces, incluso alivio. Enfrentar y procesar estas emociones es una parte importante del cuidado de uno mismo como cuidador.

Es fundamental buscar apoyo emocional a través de grupos de apoyo, terapia o hablar con amigos y familiares que puedan comprender la situación. Aceptar la realidad de la enfermedad y tratar de encontrar momentos de conexión y significado en la relación con la persona con demencia también puede ayudar a manejar el duelo anticipado.

## La Responsabilidad Inquebrantable

La responsabilidad de cuidar a un ser querido con demencia no es solo una elección; se convierte en un llamado que resuena profundamente en el corazón del cuidador. El compromiso se teje con hilos de amor, pero también con el entendimiento de que asumir este papel implica una dedicación inquebrantable. La lucha por brindar atención y apoyo se convierte en un acto de profunda devoción.

## La Realidad del Deber

A medida que la demencia se manifiesta en la vida cotidiana, el cuidador se encuentra sosteniendo un deber que no se puede tomar a la ligera. El deber de satisfacer las necesidades diarias, desde la administración de medicamentos hasta la realización de tareas básicas, se convierte en una responsabilidad constante. El peso de estas tareas puede generar agotamiento y presión emocional.

Según el Centro Nacional de Información de Biotecnología,

los cuidadores están cuatro veces más a riesgo de desarrollar depresión y son tres veces más propensos a buscar tratamiento para la ansiedad en comparación con personas que no están a cargo del cuidado de alguien. Además de esto, la Alianza de Cuidadores Familiares reportó que varias condiciones crónicas, como las enfermedades o crisis cardíacas, el cáncer, la diabetes y la artritis, prevalecen casi dos veces más en cuidadores que en no cuidadores.

Si aún dudas en pedir la asistencia de recursos externos, te sugiero comenzar por pedir ayuda a personas cercanas a ti en tareas fáciles y específicas. Por ejemplo, puedes pedirles que cocinen una comida, recojan una prescripción médica o salgan un rato corto con la persona que cuidas. Algunas personas te dirán hasta qué punto te pueden ayudar. Puede que no sea fácil, pero las personas indicadas, que estén dispuestas y sean capaces, te darán apoyo. Si se convierte en una necesidad, te sugiero que consideres opciones de cuidado en casa o centros de día para adultos. Puede que sea difícil imaginar el hecho de que alguien más te brinde ayuda, pero debes considerar si tus circunstancias y tu habilidad para brindar cuidado serán las más apropiadas a largo plazo.

## El Desafío Emocional

El compromiso de cuidar a un ser querido con demencia también conlleva un desafío emocional profundo. Las fluctuaciones en el estado de ánimo, la pérdida de recuerdos y las dificultades de comunicación pueden impactar la estabilidad emocional del cuidador. La sensación de estar en constante adaptación puede dar lugar a sentimientos de confusión, tristeza e incluso frustración y enojo.

El enojo del cuidador hacia la persona con Alzheimer es un fenómeno complejo que puede surgir debido a la carga emocional, el estrés constante y los desafíos asociados con el cuidado de alguien con demencia. Algunas razones que podrían contribuir a este enojo incluyen:

**Frustración por la Comunicación:** La demencia puede afectar la comunicación, haciendo que la persona con Alzheimer sea menos comprensible o cooperativa. Esta frustración puede llevar al enojo.

**Dificultades en el Cuidado Personal:** Ayudar con tareas cotidianas como el baño o la alimentación puede ser desafiante y agotador, generando sentimientos de enojo.

Aquí tienes algunos consejos que pueden ayudar:

**Practicar la Empatía:** Trata de entender los sentimientos y perspectivas de la persona a la que estás cuidando. La empatía puede ayudar a manejar el enojo al reconocer las emociones de ambos.

**Tomar Descansos:** Programa descansos regulares para evitar el agotamiento. La fatiga puede aumentar la frustración y el enojo, así que cuidar de ti mismo es crucial.

-"Mi madre siempre se dormía temprano, a más tardar a las 7:00 pm. Una vez que ella dormía, comenzaba mi ritual de relajación. Llenaba mi bañera con agua caliente, añadía burbujas, encendía velas aromáticas, ponía música clásica de fondo y, por supuesto, no podía faltar una copa de exquisito vino tinto. Permanecía allí durante un tiempo razonable, en completa tranquilidad".

**Establecer Rutinas:** Las rutinas predecibles pueden hacer que las tareas sean más manejables. La consistencia puede reducir la resistencia y el estrés asociado con las actividades diarias.

**Comunicación Clara:** Explica las tareas de manera clara y sencilla. Utiliza un lenguaje tranquilo y positivo para minimizar la resistencia y la frustración.

Algo que me funcionaba cuando no conseguía que mi madre se bañara en el momento que yo quería era meterme a bañar yo primero y ponerme una fragancia que a ella le agradaba. Al ver esto, quizás su mente conectaba el baño y la fragancia con ir a dar un paseo. De inmediato, me pedía que la bañara y le pusiera fragancia. Ambas nos relajábamos y después, como premio, nos íbamos a tomar un café a su cafetería favorita.

**Ofrecer Opciones Limitadas:** también resultó eficaz para mí. Por ejemplo, preguntar si prefería usar cierto color en la ropa que le iba a poner. En mi caso, elegía dos blusas con dos colores que a mi madre le agradaban y le preguntaba: "Madre, ¿cuál prefieres, morado o verde?" De esta manera, ella se sentía tomada en cuenta, y al mismo tiempo, yo no perdía el control de la situación.

**Buscar Ayuda Profesional:** Si sientes que es muy difícil para ti manejar el enojo, no dudes en consultar con profesionales de la salud o terapeutas ocupacionales para obtener consejos específicos sobre técnicas de cuidado y manejo del enojo.

**Incorporar Elementos Placenteros:** Combina tareas con actividades placenteras siempre que sea posible. Por ejemplo, escuchar música durante el baño o compartir una comida especial.

**Adaptar el Entorno:** Haz ajustes en el entorno para que sea más seguro y cómodo. Esto puede incluir barras de apoyo, almohadillas antideslizantes o utensilios adaptados.

**Aprender Técnicas de Relajación:** Tanto para ti como para la persona a la que cuidas, aprender técnicas de relajación puede ayudar a manejar el estrés y reducir el enojo.

Te sugiero la técnica de relajación 4-7-8.

El ejercicio consiste en inhalar por la nariz, llevando el aire hasta llenar tus pulmones en 4 segundos, detener la respiración durante 7 segundos y luego exhalar por la boca durante 8 segundos, tan suavemente como puedas. Repite este ejercicio de 10 a 15 veces.

**Buscar Apoyo:** Conecta con otros cuidadores en situaciones similares. Compartir experiencias y consejos puede proporcionar un valioso apoyo emocional.

Recuerda que el cuidado puede ser agotador, y es normal sentir una variedad de emociones, incluido el enojo. Buscar ayuda y utilizar estrategias prácticas puede hacer que estas tareas sean más manejables para todos.

**Cambio en la Relación:** La demencia puede alterar la dinámica familiar y cambiar la relación entre el cuidador y la persona afectada. Esto puede generar resentimientos y enojo.

**Ajuste a Nuevos Roles:** El cambio de roles, donde el cuidador asume más responsabilidades y la persona con demencia depende más, puede generar tensiones y enojo.

**Dificultades Financieras y Logísticas:** El cuidado de una persona con demencia puede implicar desafíos financieros y logísticos. Estas preocupaciones adicionales pueden contribuir al enojo del cuidador.

**Buscar Ayuda Profesional:** Consultar con profesionales de la salud mental puede proporcionar herramientas adicionales para manejar el estrés y el enojo de manera saludable.

Es importante recordar que experimentar enojo no significa falta de amor o cuidado. Es una respuesta humana a una situación desafiante y estresante.

Si experimenta signos de estrés de forma regular, consulte a su médico. Ignorar estos síntomas puede deteriorar su salud física y mental.

(Alzheimer Asociación)

## La Lucha Interna: Deber vs. Agotamiento

La lucha interna entre el deber de cuidar y el agotamiento que se acumula a menudo se convierte en un dilema difícil de resolver. El amor y la devoción a veces chocan con la realidad del cansancio y la sobrecarga emocional. El cuidador puede sentirse atrapado entre la necesidad de brindar cuidados y el reconocimiento de sus propias limitaciones.

## El Desafío de Equilibrar Roles Cambiantes

La transformación de la relación con el ser querido puede ser abrumadora. Pasar de un rol filial a uno de cuidador puede crear tensiones internas. El amor y el deber hacia el ser querido a menudo compiten con la necesidad de cuidar de uno mismo. El equilibrio entre ser un cuidador y preservar la propia salud mental y emocional se convierte en un acto delicado de autodisciplina y autoamor.

La vivencia de Margaret destaca el peso emocional que enfrentó al asumir el cuidado de su tía con Alzheimer. A pesar de las emociones afectadas por el fin de su matrimonio, optó por esta tarea monumental. Inicialmente, pensó que sería manejable, dado el amor compartido y la conexión por la soledad compartida. Sin embargo, a medida que su tía perdía sus facultades mentales, la carga emocional se volvía abrumadora. En momentos de agotamiento, se veía forzada a alejarse brevemente para lidiar con sus propias emociones, aunque esto generara ansiedad en su tía. La falta de privacidad exacerbaba la situación, ilustrando los desafíos emocionales y físicos que enfrentan los cuidadores en situaciones similares.

## Mi Propio Camino de Cuidado

En mi vida, la experiencia de cuidar a mi madre se ha convertido en un viaje monumental. Mi corazón se siente dividido entre un profundo sentido del deber y el agotamiento emocional que a menudo me abruma. Este agotamiento no es solo físico; es una carga mental que se acumula día tras día. Me encuentro tratando de equilibrar mis propias necesidades con la devoción que siento hacia ella.

Cuidar de una persona con demencia es una tarea que requiere mucho tiempo y energía. Muchas veces, quienes cuidan de alguien sienten desánimo, culpa, abandono, tristeza, frustración, confusión o enojo; todo esto es completamente normal. La responsabilidad puede sentirse como una carga en varios sentidos. Por lo tanto, es importante que te des tiempo y espacio para reafirmarte que estás haciendo lo mejor posible incluso cuando no lo parezca. Intenta reconsiderar las palabras que te diriges de una manera distinta. Por ejemplo, puedes practicar repetir algunas de estas frases interiormente:

- Estoy haciendo lo mejor que puedo.

- Es la enfermedad hablando.

- Lo que estoy haciendo resultaría difícil para cualquier persona.

- No soy perfecto, y eso está bien.

- No puedo controlar algunas cosas que pasan; solo la forma en que reacciono ante ellas.

- Incluso cuando hago todo lo posible por ayudar, la persona con demencia seguirá teniendo síntomas y complicaciones a causa de la enfermedad, no a causa de lo que yo hago.

- Disfrutaré de los momentos de sosiego que podamos tener juntos.

# ABRAZANDO LA INCERTIDUMBRE

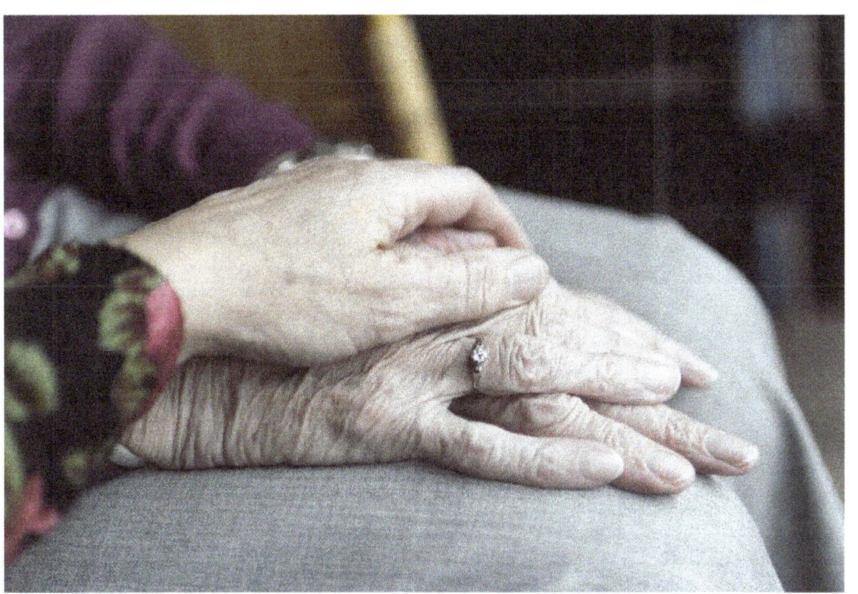

## La satisfacción de tus necesidades espirituales

Dado que cuidas de alguien con demencia, es posible que necesites más recursos espirituales que otras personas. Los expertos en salud mental han notado que muchos cuidadores se benefician al satisfacer sus necesidades espirituales, ya que esto les ayuda a sobrellevar los momentos difíciles y les proporciona una sensación de calma y equilibrio. Puede que esto no sea adecuado para todos, pero si eres parte de una comunidad de fe, asegúrate de sacar algo de tiempo para ponerte en contacto con ella. Para otras personas, la mejor forma de encontrar la paz interior y satisfacer sus necesidades espirituales simplemente consiste en enfocarse en prácticas meditativas o en tener la creencia de que existe un Dios, creador de todo lo existente y capaz de escuchar las oraciones de aquellos que están pasando por situaciones abrumadoras y dolorosas como lo es el cuidar de un ser querido con demencia.

En su Palabra, la Biblia, Jehová Dios suministra amorosamente consejo muy provechoso para quienes atienden a sus padres mayores, aunque esa no es la única ayuda que ofrece. "Jehová está cerca de todos los que lo invocan —escribió el salmista inspirado—, [...] oirá su clamor por ayuda, y los salvará." Jehová salvará, es decir, protegerá, a sus fieles incluso en las situaciones más difíciles (Salmo 145:18, 19).

## La Confrontación con la Realidad Cambiante

En ocasiones, me enfrento a la dura realidad de que el papel que mi madre ha desempeñado en mi vida ha dado un giro. Ella, quien alguna vez fue mi guía y apoyo, ahora depende de mí de una manera que nunca habría imaginado. Aceptar esta inversión de roles es doloroso y conlleva la lucha interna de admitir que mi madre, la mujer independiente y autosuficiente que conocí, ahora necesita mi ayuda constante.

Myrna, de las Filipinas, vivió esa experiencia cuando atendió a su madre con Alzheimer. "No hay nada más deprimente que ver sufrir a un ser querido y que no pueda decirte dónde le duele —escribe Myrna—. Era como verla ahogarse paulatinamente en su mente sin que yo pudiera hacer nada. Muchas veces me arrodillaba y le decía a Jehová lo cansada que me sentía. Lloraba como David, cuando le suplicó a Jehová que colocara sus lágrimas en un odre y lo recordara. [Salmo 56:8.] Y Jehová me suministró la fuerza que necesitaba conforme a su promesa. 'Jehová llegó a ser como un apoyo para mí.'" (Salmo 18:18).

## De Cuidadora a Protectora

En mi búsqueda por encontrar el equilibrio entre el deber y el agotamiento, he aprendido a abrazar mi papel como protectora de mi madre. Mi sentido del deber a menudo choca con mis propias emociones desbordadas. Las lágrimas que derramo no son solo por mí, sino por ella y por la vida que ambas enfrentamos juntas. Mi cansancio emocional es una señal de que estoy invirtiendo mi corazón en su cuidado.

## Afrontando las Peleas y Demandas Diarias

Las peleas y discusiones que ocurren a diario son un recordatorio constante de las complejidades de la demencia. Mi madre, en su confusión y frustración, a menudo expresa sus emociones de una manera que desafía mi paciencia. Mi papel de cuidadora se extiende más allá de las tareas físicas; implica ser un refugio emocional, aunque a veces sienta que apenas puedo cuidar de mí misma.

## Desafío de Reconciliar la Independencia Perdida

Uno de mis mayores desafíos es reconciliar la independencia que mi madre ha perdido con la mujer valiente que todavía reside en ella. La aceptación de su vulnerabilidad me lleva a enfrentar mi propia vulnerabilidad, y a veces me sumerjo en la negación. A pesar de las luchas internas, sigo aprendiendo que la autocompasión es crucial en este viaje.

## Un Equilibrio Necesario y la Búsqueda del Autoempoderamiento

A medida que navego por esta lucha interna, me esfuerzo por encontrar un equilibrio necesario. Mi amor y sentido del deber continúan guiándome, pero también reconozco la importancia de cuidarme a mí misma. Encontrar momentos de alivio y apoyo es esencial para prevenir el agotamiento total. Esta lucha interna me desafía a empoderarme y tomar decisiones en el mejor interés de ambos: mi madre y yo.

Mi lucha diaria con el cuidado de mi madre y los asuntos familiares finalmente tomó su peaje. Me di cuenta de que no soy la mujer maravilla, que el estrés crónico había tomado el control y que mi agotamiento eclipsaba la razón. En ese bosque en llamas de emociones no atendidas, donde todo se volvía gris por el humo, me perdí. La luz ya no era visible, y me sumergí en una escena aterradora. Fue entonces cuando recordé las palabras del Psicoanlista Dr. César Silvas y su comparación con el humo emocional que no te deja ver con claridad toda la escena.

Decidí tomar medidas y buscar ayuda para salir de esa densa oscuridad. La terapia psicológica se convirtió en mi salvación, una verdadera bendición en mi vida. Ahora, poco a poco, las cosas cobran sentido de nuevo, y mi capacidad de razonar ha resurgido. Aceptar que necesitaba apoyo para aligerar la carga fue un paso crucial hacia la paz. La terapia se ha convertido en mi faro en medio de este desafiante viaje, iluminando el camino a medida que recupero la claridad y el equilibrio emocional.

Puede resultar abrumador pensar en los altos costos que la terapia psicológica conlleva, por lo que muchas personas que están pasando por situaciones descontroladas y la emoción nubla la razón, donde la salud mental está en riesgo, deciden no buscar la ayuda. Sin embargo, existen muchos programas gratuitos o a muy bajos costos en redes sociales y en línea que pueden ayudarte en gran medida a dar la atención debida a tu salud mental.

**A continuación una lista de ellos:** Mejor Hablemos: En este servicio encontrarás psicólogos con amplia formación y experiencia que te ofrecerán un enfoque personalizado para entender y trabajar en tus problemas o preocupaciones.

**El Instituto Mexicano del Seguro Social (IMSS):** Cuentan con un servicio de Orientación Médica Telefónica en Salud Mental a través del número 800-2222-668, opción 4, donde psicólogos y psiquiatras brindan atención, de lunes a viernes de 08:00 a 20:00 horas.

**Universidades:** Los hospitales universitarios a menudo tienen programas que brindan a los pacientes acceso a internos y residentes en una escala de pago móvil que suele ser mucho menos costosa que la de los proveedores privados de atención a la salud mental. Te recomiendo contactar a los hospitales de tu localidad para preguntar si tienen alguno de estos programas.

**Centros y clínicas locales de salud mental:** Existen muchas asociaciones y organizaciones que se enfocan en proveer servicios de salud mental a precios accesibles o a ayudar a las personas cuyos medios económicos no les permiten acceder a este tipo de servicios.

El sitio gubernamental MentalHealth.gov mantiene una lista de asociaciones de este tipo que te recomiendo consultar para encontrar la mejor opción para tu caso.

**Grupos de apoyo:** Los grupos de apoyo son espacios donde las personas que están pasando por situaciones similares pueden reunirse para compartir sus historias y experiencias de una manera que ayude a reducir el aislamiento y la soledad.

**Psicólogos independientes de bajo costo o gratuitos:** Muchos consultorios psicológicos calculan su tarifa con base en una escala móvil (sliding scale). Tanto las clínicas sin fines de lucro como los terapeutas con consultorios privados utilizan este método en ocasiones para que la terapia sea accesible para las personas que no pueden pagar sus tarifas estándar. En cambio, ellos obtienen la satisfacción de apoyar a personas que de otra forma no podrían pagar sus servicios y aumentan su número de clientes.

Recuerda que buscar ayuda es un paso valiente y esencial para tu bienestar mental.

**Medicaid:** Por ley, todos los planes de Medicaid proveen acceso a servicios de salud mental. Sin embargo, el alcance de estos programas varía de estado a estado, por lo que se recomienda revisar el plan específico para entender los servicios que tiene cubiertos. Algunos de los servicios que se pueden incluir son: asesoramiento, terapia, administración de medicamentos, servicios de trabajo social, asistencia de pares y tratamiento de abuso de sustancias.

(Información basada en saberespoder.com)

**La Lucha Interna como Oportunidad de Crecimiento:** A pesar de la lucha interna entre el deber y el agotamiento, esta lucha también puede ser una oportunidad para el crecimiento personal. A medida que el cuidador enfrenta los desafíos y encuentra formas de lidiar con la sobrecarga emocional, puede desarrollar habilidades de autocompasión, paciencia y resiliencia. Esta lucha puede llevar a una comprensión más profunda de uno mismo y una mayor empatía hacia los demás.

**Buscar Apoyo y Cuidado Personal:** Reconocer la lucha interna y sus efectos es un primer paso importante. El cuidador debe priorizar el autocuidado y buscar apoyo. Al establecer límites saludables, pedir ayuda y permitirse momentos de descanso, el cuidador puede encontrar un equilibrio más saludable entre el deber y el agotamiento. El apoyo de otros cuidadores y profesionales de la salud puede ser invaluable en este proceso.

**Enfrentando la Culpa y la Autocompasión:** La lucha interna a menudo va acompañada de sentimientos de culpa. El cuidador puede sentirse culpable por necesitar un respiro o por sentir emociones contradictorias. Practicar la autocompasión y reconocer que cuidarse a sí mismo no es egoísta, sino necesario, puede ayudar a mitigar esta culpa. La autocompasión permite que el cuidador sea amable consigo mismo mientras continúa brindando apoyo.

**Redescubriendo el Significado del Cuidado:** A medida que el cuidador enfrenta la lucha interna y busca un equilibrio, puede redescubrir el verdadero significado del cuidado. El cuidado va más allá de las tareas diarias; se trata de estar presente, escuchar y brindar apoyo emocional. Encontrar formas de equilibrar el deber y el agotamiento puede llevar a una relación más auténtica y significativa con el ser querido.

**La Búsqueda de Equilibrio:** En medio de este peso, el cuidador se embarca en una búsqueda constante de equilibrio. Encontrar la manera de cumplir con las demandas del cuidado sin sacrificar el propio bienestar es un desafío que requiere creatividad y resiliencia. El equilibrio es una línea fina que se redefine a medida que evoluciona la situación.

**Reconociendo la Humanidad en el Compromiso:** Es importante que el cuidador reconozca su propia humanidad en medio de este compromiso. La imperfección es parte del viaje, y reconocer la necesidad de descanso, apoyo y autocuidado no es una señal de debilidad, sino de sabiduría. La fuerza no solo reside en el acto de cuidar, sino también en la capacidad de cuidar de uno mismo.

**La Fortaleza en el Amor Comprometido:** A pesar de los desafíos y el peso que a veces parece abrumador, el amor comprometido del cuidador brilla como una fuente de fortaleza. A medida que el cuidador enfrenta cada día con determinación y compasión, se demuestra la profundidad de su compromiso. Cada acto de cuidado, por pequeño que sea, se convierte en un recordatorio de la conexión profunda entre el cuidador y el ser querido.

**Equilibrar las Demandas:** El cuidado del ser querido a menudo coexiste con las demandas de la vida diaria. Trabajar, cuidar a la familia, mantener una casa funcional: todo esto se suma a la ecuación. Encontrar un equilibrio entre el cuidado del ser querido y el autocuidado puede ser una tarea desafiante, especialmente cuando cada día presenta una nueva serie de obstáculos y necesidades cambiantes.

**La Batalla del Agotamiento:** El agotamiento físico y emocional es una realidad que muchos cuidadores enfrentan. Las noches sin descanso, las demandas constantes y el peso emocional pueden agotar rápidamente los recursos de un cuidador. La línea entre cuidar a otros y cuidar de uno mismo puede volverse borrosa, y el agotamiento puede erosionar la salud física y mental del cuidador.

**La Pérdida de la Identidad Personal:** A medida que el cuidador se sumerge en el papel de proveer cuidados, a veces puede perder de vista su propia identidad. Las necesidades y deseos personales pueden quedar en segundo plano mientras el cuidador se enfoca en la atención al ser querido. Esta pérdida de identidad puede llevar a sentimientos de aislamiento y desconexión con el mundo exterior.

**La Montaña Rusa Emocional:** El cuidador a menudo enfrenta una montaña rusa emocional. Desde la tristeza por ver a su ser querido cambiar, hasta la frustración por las dificultades diarias y la alegría en los momentos de conexión y lucidez, las emociones pueden oscilar drásticamente. El cuidador puede sentirse como si estuviera atrapado en un torbellino de sentimientos intensos.

"Había momentos en los que una gran tristeza se acumulaba en mi pecho al observar a mi madre, mirando por la ventana hacia el exterior del patio con una expresión furtiva, como si estuviera buscando respuestas a preguntas nunca formuladas. Me sumergía en su mundo, tratando de descifrar lo que pasaba por su mente en esos instantes. Sin embargo, todo cambiaba cuando la veía colorear sus libros de flores, una actividad que le brindaba una satisfacción inigualable.

Su mirada iluminada y su sonrisa infantil, plena de satisfacción al colorear con precisión esas hermosas flores, me llenaban de alegría y tranquilidad. No obstante, cada noche, al acostarme, surgían en mi mente las incógnitas: ¿Lo hice bien? ¿Fui injusta al llamarle la atención por no querer comer el plato que preparé con esmero? ¿Seré una hija egoísta por pensar que tal vez estaría mejor en un lugar de cuidado para ancianos? Estas preguntas sin respuestas resonaban en mi cabeza, teñidas de sentimientos encontrados, provocando lágrimas que brotaban durante horas. Y al despertar al día siguiente, la misma dinámica furtiva se reiniciaba una vez más."

**Cuidar al Cuidador: Una Prioridad Crucial:** En medio de los desafíos de cuidar a un ser querido con demencia, el cuidado personal del cuidador no debe pasarse por alto. Cuidar al cuidador se convierte en una prioridad crucial para mantener la salud física y mental. El autocuidado, el tiempo para descansar y la búsqueda de apoyo emocional son esenciales para evitar el agotamiento y mantenerse en pie durante este viaje.

Edna D. Santiago, autora del libro "Para cuidar… hay que cuidarse", describe factores personales muy importantes que generan estrés en el cuidador:

- La relación que tiene con la persona afectada con Alzheimer, el sentido de pérdida emocional y los ajustes para seguir adelante como cuidador.

- Las emociones que siente al ver a una persona querida deteriorarse y no poder hacer nada para detener la enfermedad.

- La manera como acepta la enfermedad de la persona que cuida.

- Las demandas de esfuerzo que conlleva el cuidar a una persona con problemas cognoscitivos y comportamiento errático.

- El tiempo que lleva como cuidador, la fatiga y el cansancio que se deriva de las largas horas empleadas en la provisión de cuidados.

- La soledad y el aislamiento social que sufre el cuidador.

- La pérdida de independencia y la libertad de controlar su tiempo para hacer lo que le agrada.

- Complicaciones financieras.

- Conflictos familiares y falta de apoyo.

- Falta de agradecimiento de los familiares por el cuidado que se provee a la persona con Alzheimer.

- Problemas para conciliar el sueño o sueños interrumpidos por la persona que cuida.

## El Viaje del Autocuidado: De la División a la Realidad Cambiante

Al principio, cuando mis hermanos y yo llegamos a un acuerdo sobre quién cuidaría de mi madre, acepté la responsabilidad de buen grado. Pensamos que dividirnos las tareas haría que la carga fuera más llevadera para mí. Al comienzo, esta división funcionaba como una estrategia efectiva para abordar el cuidado de mi madre. Ella pasaba algunos días con mis hermanos, y eso me daba un respiro.

# ALMANGIE RUEFLI

## Los Cambios en la Comodidad y la Ansiedad Emergente

Sin embargo, conforme el tiempo avanzaba, comenzaron a surgir cambios en la dinámica del cuidado. Salir de su zona de confort se convirtió en un desafío para mi madre. Experimentaba ansiedad cuando se encontraba en un entorno no familiar. Dejó de hacer visitas a mis hermanos y buscó refugio en mi hogar, donde se sentía segura. Mi casa, antes un lugar de comodidad compartida, ahora es su lugar de refugio constante.

El equilibrio se volvió aún más delicado cuando las demandas se multiplicaron. Mi papel como cuidadora se entrelaza con las expectativas de un marido que también requiere atención y tiempo. Dividirme entre estas responsabilidades se convierte en un ejercicio de malabarismo emocional y temporal. Encontrar tiempo para mí misma se vuelve un desafío aún mayor.

Parte del autocuidado incluye el desafío de educar a otros sobre la naturaleza de la demencia. Explicar cómo esta enfermedad afecta la vida cotidiana y los cambios en la dinámica familiar se ha vuelto agotador. A menudo, las personas no entienden la verdadera profundidad de lo que enfrento. La desconexión entre mi experiencia y la comprensión de los demás crea una sensación de aislamiento.

## Cuestionando la Legitimidad de las Emociones

Me encuentro cuestionando si está bien quejarme del trabajo, tanto físico como mental, que implica el cuidado de mi madre. A veces siento culpa por expresar mi agotamiento y frustración. La sociedad puede transmitir la idea de que el cuidado es un deber inquebrantable, lo que lleva a cuestionar si está permitido sentirme abrumada o enojada.

"Es frustrante cuando, al expresar preocupaciones sobre el cuidado de mi madre, recibía respuestas que minimizaban mis sentimientos. A menudo, la atención se centraba en el papel de hija y en la supuesta obligación, dejando de lado mi bienestar emocional. Algunas personas expresan frases como "es tu deber como cristiana cuidarla" o "deberías estar agradecida de tener a tu madre" o "siéntete agradecida por cuidar de ella" "lo que yo diera por poder cuidar de mí madre" "dale gracias a Dios que todavía la tienes…" Sin embargo, rara vez escuchaba preguntas sobre cómo estaba yo o si necesitaba apoyo.

Ansiaba escuchar, "¿Cómo estás tú? ¿estás teniendo compasión por ti misma? ¿Hay algo que pueda hacer por ti? Tómate el día, yo me encargo de ella para que tu descanses o hagas lo que quieras hacer; si tienes citas médicas que atender, yo me hago cargo para que vayas sin preocupación alguna. Esta vez me encargo yo de llevar a nuestra madre a esa cita médica para que tengas un respiro..." Anhelaba que más personas mostraran compasión, ofrecieran ayuda práctica y reconocieran la carga emocional que conlleva el cuidado de un ser querido con demencia."

Doy gracias a Dios por toda ayuda brindada de una o dos personas que en realidad se preocupaban por mí. La falta de comprensión de mis hermanos y la escasa empatía de algunos cercanos hicieron que este viaje fuera aún más desafiante."

## En Busca de Respuestas en el Autocuidado

Mi camino hacia el autocuidado involucra buscar respuestas y soluciones para enfrentar esta realidad desafiante. Estoy explorando formas de recibir ayuda, delegar tareas y buscar recursos que alivien la carga. Comprendo que el autocuidado no es egoísta; es un acto de preservar mi bienestar para poder continuar brindando el mejor cuidado posible a mi madre.

## Buscando Apoyo y Fortaleza

El cuidador no debe enfrentar estos desafíos en soledad. Buscar apoyo de otros cuidadores, grupos de apoyo y profesionales de la salud puede ser una fuente de fortaleza. Compartir experiencias y consejos puede aliviar la sensación de aislamiento y proporcionar perspectivas valiosas para enfrentar los desafíos diarios.

Busque apoyo de otros. Usted no está solo—hay muchos otros cuidando a alguien con demencia. Localice La Agencia del área del envejecimiento (Area Agency on aging) más cercana, la división local de la Asociación del Alzheimer, un Centro de recursos para cuidadores de California, o visite el Family Care Navigator (www.caregiver.org/family-care-navigator) para encontrar grupos de apoyo, organizaciones y servicios que pueden ayudarle. Anticipe que, al igual que el ser querido que está cuidando, usted tendrá días buenos y malos. Desarrolle estrategias para aliviar los días malos.

En este capítulo, exploramos los desafíos que enfrenta el cuidador mientras navega por el camino de cuidar a un ser querido con demencia. Desde el peso del compromiso hasta el agotamiento emocional y la lucha por el equilibrio, cada desafío es una oportunidad para crecimiento y aprendizaje. Al mismo tiempo, destacamos la importancia del cuidado personal del cuidador como una forma de mantener la fuerza y la resiliencia necesarias para enfrentar este viaje con compasión y amor.

# Capítulo 7

# Abrazando la Incertidumbre

**"Experiencias de personas que han enfrentado la dolorosa enfermedad de la demencia en sus seres queridos"**

**María y su madre:** María compartió su experiencia cuidando a su madre, quien padecía de Alzheimer avanzado. A medida que la enfermedad progresaba, su madre dejaba de reconocerla y a menudo se mostraba agresiva con ella y su hermana. María describió la tristeza de ver cómo su madre perdía su independencia y personalidad.

Nuestra familia, en su dinámica cotidiana, sufrió una interrupción abrupta como el estallido de un volcán. A pesar de que mamá aún tenía momentos de lucidez, anhelaba su auto, su independencia y la libertad de hacer lo que quisiera. Luchó ferozmente mientras tuvo fuerzas para mantener su autonomía.

Las noches se convirtieron en vigilias interminables en las que mamá exigía regresar a su casa. Durante esas horas oscuras, deambulaba por la casa encendiendo luces, perturbando el sueño de los niños y sumergiéndonos en un mundo de llantos y gritos. A veces, su agresividad se desataba, y nos atacaba con golpes o mordiscos. Lo que era más doloroso, nuestra amada matriarca comenzó a proferir palabras hirientes y crueles, palabras que jamás habíamos escuchado de sus labios.

Cada tarde se convertía en un suplicio ayudarla con las tareas más básicas, desde tomar sus alimentos hasta bañarse o lavarse los dientes. Algunas noches, mi hermana y yo nos veíamos obligadas a dormir a su lado para protegerla durante sus incesantes levantadas. Pero incluso en esos momentos de cuidado y protección, no podíamos evitar el peso abrumador de la pesadilla que vivíamos a diario.

Esta es la crónica de nuestro viaje a través de la demencia, una erupción emocional que puso a prueba nuestra familia de formas que nunca imaginamos. En medio de la tormenta, buscábamos respuestas, apoyo y, sobre todo, la forma de mantenernos unidas en el amor y la compasión mientras enfrentábamos los desafíos incesantes de la enfermedad de mamá.

# ABRAZANDO LA INCERTIDUMBRE

Juan y su abuelo: Juan cuidó a su abuelo durante varios años a medida que la demencia avanzaba. A pesar de los desafíos, Juan compartió cómo encontró momentos de conexión a través de la música, ya que su abuelo solía ser un apasionado pianista.

Juan, un dedicado cuidador, enfrentó años de desafíos mientras cuidaba a su abuelo en medio del avance implacable de la demencia. Sin embargo, en medio de la oscuridad de esta enfermedad, Juan descubrió una hermosa fuente de conexión: la música.

Su abuelo, en su juventud, había sido un apasionado pianista. La música fluía a través de sus dedos y llenaba su hogar con melodías de alegría y nostalgia. Pero a medida que la demencia se apoderaba de su mente, su habilidad para tocar el piano se desvanecía lentamente.

Juan, con amor y paciencia, decidió utilizar la música como un puente hacia su abuelo. A pesar de que las palabras se desvanecían en la niebla de la demencia, las notas musicales eran un lenguaje universal que ambos podían entender. Desempolvó el piano de la casa y comenzó a tocar las canciones favoritas de su abuelo.

A medida que las melodías llenaban la habitación, algo mágico sucedía. Los ojos cansados de su abuelo se iluminaban con el reconocimiento, y sus manos, que solían danzar sobre las teclas, volvían a la vida, aunque solo fuera por un breve momento. Juntos, compartían un viaje a través de las notas, explorando canciones que habían sido el alma de su abuelo.

Estos momentos de conexión a través de la música se convirtieron en un faro de luz en medio de la tormenta de la demencia. Juan y su abuelo compartieron risas y lágrimas mientras la música les recordaba quiénes eran y cómo el amor podía trascender incluso los límites de la memoria.

Esta es la historia de cómo Juan encontró belleza y consuelo en medio de la demencia, a través de las melodías que unían su corazón con el de su abuelo.

**Linda y su esposo:** Linda relató su experiencia al cuidar a su esposo diagnosticado con Alzheimer temprano. A medida que su esposo perdía sus habilidades cognitivas, ella se convirtió en su principal apoyo. Linda habló sobre la importancia de encontrar grupos de apoyo y recursos para cuidadores en situaciones similares.

La historia de Linda es un testimonio del amor y la dedicación que una persona puede mostrar al cuidar a su ser querido que enfrenta el Alzheimer temprano. A medida que su esposo luchaba contra esta enfermedad, Linda se convirtió en su roca, su apoyo inquebrantable en medio de la niebla de la demencia.

El Alzheimer temprano se llevó lentamente las habilidades cognitivas de su esposo. Las palabras se volvieron esquivas, los recuerdos se desvanecieron, y las tareas cotidianas se convirtieron en desafíos abrumadores. Linda, con valentía y amor, asumió el papel de cuidadora principal. Pero no lo hizo sola.

Linda comprendió la importancia de buscar ayuda y apoyo. Se unió a grupos de apoyo locales y en línea, donde pudo conectarse con otros cuidadores que enfrentaban desafíos similares. Aquí encontró un lugar seguro para compartir sus preocupaciones, sus alegrías y sus frustraciones. Juntos, compartían estrategias y consejos para lidiar con la demencia.

**Carlos y su padre:** Carlos compartió cómo la enfermedad de Alzheimer cambió drásticamente la relación con su padre. Pasaron de ser amigos cercanos a un rol de cuidador e hijo. Carlos expresó cómo, a pesar de los desafíos, aprendió a encontrar momentos de alegría en las interacciones con su padre.

La historia de Carlos es un relato conmovedor sobre cómo la enfermedad de Alzheimer puede transformar profundamente una relación familiar. Él compartió cómo pasó de ser un amigo cercano y un hijo amoroso a convertirse en el cuidador principal de su padre mientras enfrentaban juntos los desafíos de esta enfermedad implacable.

Carlos describió cómo el Alzheimer cambió drásticamente la personalidad y el comportamiento de su padre. El hombre que una vez fue un pilar de fortaleza y sabiduría ahora luchaba con la pérdida de recuerdos, la confusión y la dependencia. Para Carlos, este cambio fue desgarrador.

A medida que asumió el papel de cuidador, Carlos se encontró enfrentando una serie de desafíos emocionales y prácticos. Tuvo que aprender a lidiar con los cambios de humor de su padre, las olas de confusión y las ocasiones en las que su padre no lo reconocía. Fue un viaje lleno de tristeza y desesperación, pero también hubo momentos de profunda alegría.

Carlos compartió cómo, en medio de la tormenta de la enfermedad, aprendió a encontrar esos momentos de alegría y conexión con su padre. Descubrió que la música era un puente para comunicarse cuando las palabras fallaban. Juntos, escuchaban las canciones que su padre solía disfrutar y cantaban juntos. En esos momentos, el Alzheimer parecía retroceder, al menos por un rato.

A pesar de los desafíos, Carlos encontró la fuerza para seguir adelante. Se rodeó de apoyo, incluidos grupos de cuidadores y amigos que entendían su situación. Aprendió a cuidarse a sí mismo mientras cuidaba de su padre y descubrió la importancia de la compasión y la paciencia.

Esta es la historia de cómo Carlos y su padre enfrentaron juntos el Alzheimer, tejiendo nuevos recuerdos en medio de las adversidades. Su historia es un recordatorio de que, incluso en las circunstancias más difíciles, el amor y la conexión pueden perdurar, ofreciendo momentos de luz en medio de la oscuridad.

**Ana y su tía:** Ana relató cómo su tía desarrolló demencia y se convirtió en su principal cuidadora. A medida que la enfermedad avanzaba, su tía experimentaba episodios de confusión y paranoia. Ana habló sobre la importancia de la paciencia y la compasión en el cuidado de su ser querido.

La historia de Ana es un testimonio conmovedor sobre cómo el vínculo entre una sobrina y su tía se fortaleció a medida que enfrentaron juntas los desafíos de la demencia. Ana compartió cómo se convirtió en la principal cuidadora de su tía cuando esta desarrolló la enfermedad, y cómo esa experiencia cambió sus vidas de maneras profundas.

Ana describió cómo la demencia afectó a su tía, causando episodios de confusión y paranoia. La mujer que antes había sido fuerte y segura de sí misma ahora luchaba con la pérdida de recuerdos y la incapacidad de reconocer a quienes la rodeaban. Fue un período doloroso y desconcertante para ambas.

A medida que la demencia avanzaba, Ana se encontró asumiendo un rol cada vez más activo como cuidadora. Tuvo que aprender a lidiar con los momentos de confusión y angustia de su tía, lo cual no siempre fue fácil. Sin embargo, Ana destacó la importancia de la paciencia y la compasión en este viaje.

Ana compartió cómo, a pesar de los desafíos, encontró

formas de conectar con su tía a un nivel más profundo. Aprendió a adaptarse a las necesidades cambiantes de su ser querido y a brindarle apoyo emocional constante. La paciencia se convirtió en su aliada, permitiéndole mantener la calma en momentos de agitación.

En medio de la adversidad, Ana y su tía tejieron un vínculo basado en el amor y la devoción. A pesar de la demencia que había robado parte de la identidad de su tía, Ana continuó cuidándola con afecto y comprensión. Su historia destaca la importancia de mantener la conexión con nuestros seres queridos a pesar de las dificultades, recordándonos que el amor y la paciencia pueden ser luces guía en el camino de la demencia.

**Nidia y su mamá:** He asumido el papel de guardiana de mi mamá, siendo su ancla emocional para brindarle seguridad. Antes, era una persona independiente, a punto de iniciar mi propia empresa de limpieza. Sin embargo, la demencia de mi madre cambió el rumbo de mi vida. Aunque ella es tranquila, la carga de cuidarla me abruma constantemente, afectando mi bienestar emocional.

Convivimos en casa con 9 personas más, incluidos mis nietos. Mi mente está en alerta todo el tiempo, reestructurando la vida de mi madre con paciencia y cariño, pero la culpa a veces se apodera de mí cuando al final del día, por estar ocupada en algunos otros asuntos en el hogar, no le doy la atención debida. Extraño tanto a la madre que solía aconsejarme con sabiduría, la que me consolaba en mis momentos tristes. Ella era mi lugar seguro.

Aunque no soy su única hija, la ayuda necesaria para cuidar de mi madre y atender sus necesidades escasea. No cualquiera tiene esa valentía y determinación para esta ardua labor; toda la responsabilidad recae sobre mis hombros. Amo a mi madre con todo mi corazón y sin duda quiero que viva sus últimos días con mucho amor, pero debo reconocer la necesidad de recuperar mi propia vida. Es vital para encontrar mi identidad perdida.

"Es normal que quienes cuidan a un ser querido con una enfermedad crónica sientan desconsuelo," dice la publicación *"Caring for the Person With Dementia"* (El cuidado de la persona con demencia). "A medida que avanza la enfermedad, se acusa la pérdida de un compañero y de una relación que se valoraba mucho. Desconsuela pensar en cómo eran antes."

**Jennifer explica** los sentimientos de su familia al ver que la salud de su madre iba debilitándose: "Estábamos afligidos. Echábamos de menos su animada conversación. Nos sentíamos muy apenados". **Gillian añade:** "No quería que mi madre muriera, y tampoco quería que sufriera. Lloré mucho".

Se ha dicho que atender a los padres ancianos es una "historia sin un final feliz". A pesar de todo el esfuerzo, los padres finalmente mueren, como ha sido el caso de muchos de los que aquí han relatado su historia. Pero los que confían en Jehová saben que la muerte no es el fin de la historia. El apóstol Pablo dijo: "Tengo esperanza en cuanto a Dios [...] de que va a haber resurrección así de justos como de injustos". (Hechos 24:15.) A los que han perdido a sus padres mayores les consuela la esperanza de la resurrección y la promesa divina de un maravilloso nuevo mundo, donde "la muerte no será más". (Revelación 21:4.)

# Capítulo 8

# Tejiendo una Red de Apoyo

## "Cómo Amigos, Vecinos y Comunidad Pueden Aliviar la Carga del Cuidador"

La persona que tiene a su cargo a un enfermo tal vez se pregunte: '¿Por qué tuvo que sucederme esto? ¿Por qué no recibo ayuda de nadie? ¿No se dan cuenta de que no doy abasto? ¿No podría ser más cooperador el paciente?'. Es posible que a veces le irriten mucho las aparentes exigencias injustas y aumentantes del enfermo y de los demás familiares.

En los capítulos anteriores hablamos sobre la importancia de que usted se tome el tiempo para alejarse de las responsabilidades de atender a un enfermo demencial y dedicarlo a su propio bienestar. En este abordaremos los tipos de apoyo que harían eso factible y que pueden provenir de familiares, amigos o vecinos.

Tal vez usted necesite que alguien se quede con el enfermo parte del día o quizá le sería útil un lugar en el que su pariente pudiera quedarse algunos días mientras usted se toma un descanso o recibe atención médica.

Sería aconsejable que la persona a la que usted cuida esté en un lugar donde sea bien atendido por otras personas ya sea con conocidos o un lugar de cuidados donde él pueda estar seguro para que esté lejos de usted. A esa clase de apoyo se le llama "Respiro", porque le permite librarse por un tiempo del cuidado del paciente.

La labor del cuidador de una persona con demencia es una tarea monumental, llena de desafíos emocionales y físicos. En capítulos anteriores, hemos explorado las complejidades de este viaje y la importancia del autocuidado. Ahora, centrémonos en una fuente de apoyo invaluable: la comunidad que rodea al cuidador. En este capítulo, exploraremos cómo los amigos, los vecinos y la comunidad en general pueden contribuir a aliviar la carga del cuidador, brindando tiempo, apoyo emocional y oportunidades de respiro.

## El Poder de la Comunidad

La soledad y el aislamiento son luchas comunes para los cuidadores. En esta sección, discutiremos cómo involucrar a amigos y vecinos en el proceso de cuidado puede crear un entorno de apoyo vital. Compartiremos historias inspiradoras de cuidadores que se han apoyado en sus redes de amigos y vecinos, y cómo esto ha mejorado su calidad de vida.

## Construyendo un Equipo de Apoyo

¿Cómo puedes comunicar tus necesidades a tus amigos y vecinos? Exploraremos estrategias efectivas para establecer conexiones sólidas y cómo hablar sobre lo que realmente necesitas.

Además, discutiremos la importancia de establecer límites y expectativas claras en estas relaciones de apoyo.

Cuando buscas apoyo de amigos y vecinos en tu rol de cuidador, es fundamental establecer conexiones sólidas y comunicar tus necesidades de manera efectiva. Aquí exploraremos cómo construir un equipo de apoyo sólido y cómo hablar abierta y sinceramente sobre lo que realmente necesitas. También, destacaremos la importancia de establecer límites y expectativas claras en estas relaciones de apoyo.

## 1. Comunicación Abierta y Sincera

Una comunicación abierta y sincera es la base de cualquier relación de apoyo. Conversa con tus amigos y vecinos sobre las demandas y desafíos que enfrentas como cuidador. Sé honesto acerca de tus necesidades emocionales y físicas. La vulnerabilidad en estas conversaciones puede fomentar una comprensión más profunda.

## 2. Educa sobre la Demencia

A menudo, amigos y vecinos pueden no comprender completamente la demencia y sus implicaciones. Proporciona información educativa sobre la enfermedad y su impacto en tu ser querido. Esto puede ayudar a crear una base sólida de conocimiento en tu comunidad de apoyo.

Puedes organizar reuniones informativas donde compartas detalles sobre la demencia, sus desafíos y cómo pueden ayudar. Proporcionar material educativo, como folletos o sitios web confiables, también puede ser útil. Además, anímales a participar en grupos de apoyo para obtener una comprensión más profunda y ofrecer un apoyo más efectivo.

### 3. Haz una Lista de Tareas y Necesidades Claras

Crea una lista detallada de las tareas y necesidades específicas que podrían ser abordadas por amigos y vecinos. Esto facilita que las personas sepan en qué áreas pueden ofrecer su ayuda y alivia la incertidumbre.

Desarrolla una lista de los medicamentos que toma la persona que cuidas, el horario y la dosis. Esto ayudará a quien esté brindando ayuda a llevar un control de los mismos durante el día y le servirá de recordatorio.

### 4. Establece Límites y Expectativas

Hablar sobre tus límites y expectativas es esencial. Deja en claro cuándo necesitas ayuda, qué tipo de ayuda es aceptable y cuándo deseas hacer las cosas por ti mismo. Establecer estos límites es vital para evitar la frustración o malentendidos.

### 5. Fomenta la Comunicación Continua

Anima a tus amigos y vecinos a que se comuniquen contigo

regularmente sobre tu situación. A veces, la gente podría dudar en ofrecer ayuda, pensando que están interfiriendo. Mantén líneas abiertas de comunicación para que las personas se sientan cómodas compartiendo sus intenciones de apoyarte.

### 6. Explica Cómo Pueden Ayudar

Haz sugerencias claras sobre cómo tus amigos y vecinos pueden ayudarte. Por ejemplo, pueden ofrecerse para hacer compras, cuidar a tu ser querido por un tiempo, o simplemente escucharte cuando necesitas desahogarte. Cuanto más específicas sean tus solicitudes, más efectivo será el apoyo.

### 7. Agradece y Reconoce

No olvides agradecer y reconocer el apoyo que recibes. La gratitud refuerza las relaciones y alienta a las personas a seguir ayudando. Puedes expresar tu agradecimiento de muchas maneras, desde una simple palabra de agradecimiento hasta pequeños gestos de aprecio.

### 8. Mantén una Mentalidad Abierta y Tolerante

Cada amigo o vecino puede brindar apoyo de manera diferente. Mantén una mente abierta y tolerante hacia sus esfuerzos y disposición para ayudar. No todos tienen las mismas habilidades o disponibilidad, pero su apoyo sigue siendo valioso.

En resumen, construir un equipo de apoyo con amigos y

vecinos implica una comunicación abierta y sincera, educación, límites claros y expectativas bien definidas. A través de una comunicación continua y el fomento de un ambiente de comprensión mutua, puedes aprovechar efectivamente esta valiosa fuente de apoyo en tu rol como cuidador.

# CAPÍTULO 9

## LA Etapa Moderada en el Alzheimer

### Y Sus Características

La etapa moderada en el Alzheimer es una fase intermedia en la progresión de la enfermedad, situada entre la etapa inicial (leve) y la etapa avanzada (grave). Durante esta etapa, los síntomas y el deterioro cognitivo se vuelven más evidentes y pronunciados que en la etapa leve, pero todavía no alcanzan el nivel de discapacidad total que se experimenta en la etapa grave.

## Características comunes de la etapa moderada del Alzheimer:

**Dificultad con la memoria a corto plazo:** Las personas en esta etapa pueden tener dificultad para recordar eventos recientes y detalles como nombres y fechas.

En la demencia, las dificultades en la memoria a corto plazo se manifiestan con la incapacidad de retener nueva información por un período extendido. Las personas pueden olvidar conversaciones recientes, eventos recientes o incluso la realización de tareas cotidianas. Esta pérdida de memoria inmediata afecta significativamente la capacidad de funcionar de manera independiente en situaciones diarias. Puede ser frustrante tanto para la persona afectada como para quienes la cuidan.

**Olvido de eventos recientes:** Las personas con demencia pueden tener dificultades para recordar eventos que ocurrieron recientemente. Esto podría incluir conversaciones recientes, comidas o actividades realizadas en el mismo día.

**Desorientación temporal:** La desorientación temporal es común en esta etapa. Las personas pueden perder la noción del día, la fecha e incluso la hora del día. Pueden confundir la mañana con la tarde o el día actual con uno anterior.

La desorientación temporal en la demencia implica la dificultad para comprender y seguir el tiempo. Las personas afectadas pueden perder la noción del día, la fecha, la hora o incluso la estación del año. Esto puede dar lugar a situaciones en las que la persona piensa que está en un momento diferente en el tiempo. Por ejemplo, puede creer que está en una época pasada de su vida o que ciertos eventos recientes sucedieron hace mucho tiempo. Esta desorientación temporal puede generar confusión y ansiedad en la persona afectada.

**Olvido de nombres y caras:** Recordar nombres y reconocer caras se vuelve problemático. Las personas pueden no reconocer a familiares cercanos o amigos, y esto puede ser angustiante tanto para ellos como para sus seres queridos.

**Dificultad para seguir conversaciones:** Mantener una conversación coherente puede volverse un desafío. Las personas pueden perder el hilo de lo que están diciendo o de lo que otros están hablando, lo que puede llevar a respuestas confusas.

**Dificultad con las tareas cotidianas:** Las actividades diarias que antes eran sencillas, como cocinar una comida o vestirse, pueden volverse abrumadoras debido a la dificultad para recordar los pasos necesarios.

**Dependencia en recordatorios:** Las personas con demencia a menudo dependen de recordatorios visuales o escritos para realizar tareas simples. Los carteles, las notas adhesivas y los relojes con recordatorios pueden ser útiles.

**Repetición:** La repetición de preguntas o historias es común. La persona puede hacer la misma pregunta varias veces en un corto período debido a la incapacidad de recordar la respuesta.

La repetición en las conversaciones es común en personas con demencia, especialmente en etapas moderadas. Pueden repetir las mismas preguntas, historias o comentarios varias veces, a veces en un corto período. Esto puede deberse a la pérdida de memoria a corto plazo y a la dificultad para retener la información. Para manejar esto, es importante ser paciente, responder con amabilidad y, si es necesario, redirigir la conversación hacia otro tema. Establecer rutinas y proporcionar respuestas simples puede ayudar a reducir la ansiedad asociada a la repetición.

**Frustración y confusión:** La dificultad con la memoria a

corto plazo puede llevar a la frustración y la confusión tanto para la persona con demencia como para sus cuidadores. Es importante mantener la calma y brindar apoyo en estos momentos. Es esencial abordar estas emociones con compasión y paciencia. Proporcionar instrucciones claras y sencillas, mantener un ambiente estructurado y apoyar con actividades que estimulen la mente pueden ayudar a reducir la frustración y la confusión. Además, el apoyo emocional y la comunicación afectuosa son fundamentales para brindar consuelo y comprender sus emociones en medio de la confusión.

Para cuidadores y familiares, comprender estas dificultades en la memoria a corto plazo es crucial. Proporcionar un entorno estructurado, mantener rutinas consistentes y utilizar estrategias de comunicación comprensibles pueden ayudar a las personas con demencia a enfrentar estos desafíos de manera más efectiva y brindarles un mayor sentido de seguridad.

**Problemas de comunicación:** La comunicación se vuelve más difícil. Pueden tener problemas para encontrar las palabras adecuadas o para seguir una conversación.

Las personas pueden tener dificultades para encontrar las palabras adecuadas, seguir una conversación o expresar sus pensamientos de manera coherente. La comprensión del lenguaje también puede disminuir. Es importante adaptarse a estos desafíos siendo paciente, utilizando un lenguaje claro y sencillo, y fomentando la comunicación no verbal, como gestos y expresiones faciales. El establecimiento de un ambiente tranquilo y libre de distracciones puede mejorar la capacidad de la persona para comunicarse. Además, escuchar con empatía y mostrar afecto contribuyen a mantener conexiones significativas.

**Afasia:** La afasia es la pérdida de la capacidad de comprender o expresar palabras de manera coherente. Las personas con demencia pueden tener dificultades para encontrar las palabras adecuadas o para expresar sus pensamientos de manera clara.

**Dificultad para seguir conversaciones:** Seguir una conversación puede volverse complicado. Las personas con demencia pueden perder el hilo de lo que otros están diciendo y pueden responder de manera inapropiada.

**Discurso repetitivo:** Repetir palabras, frases o preguntas es común. Esto puede ser frustrante para los cuidadores, pero es importante mantener la calma y responder de manera paciente.

**Lenguaje no verbal:** Las personas con demencia a menudo dependen más del lenguaje no verbal, como gestos, expresiones faciales y tono de voz, para comunicarse. Los cuidadores deben prestar atención a estas señales.

**Problemas de comprensión:** La comprensión de lo que se les dice puede ser limitada. Pueden tomar las palabras de manera literal o malinterpretar la información.

**Incoherencia:** El discurso puede volverse incoherente y carecer de sentido. Las palabras pueden estar mal combinadas, lo que dificulta la comprensión.

**Frustración:** Las dificultades de comunicación pueden llevar a la frustración tanto para la persona con demencia como para sus cuidadores. Es importante mantener una actitud comprensiva y paciente.

**Uso de estereotipias:** Las personas con demencia a veces utilizan patrones de lenguaje repetitivos o estereotipias, como decir las mismas palabras o frases una y otra vez.

Estos comportamientos repetitivos pueden deberse a la pérdida de memoria y la dificultad para retener nueva información. También pueden ser una forma de expresar ansiedad, incomodidad o simplemente una estrategia para lidiar con la incertidumbre.

En estas situaciones, es importante mantener la calma y responder con paciencia. Proporcionar respuestas tranquilizadoras y distraer con actividades o cambios de tema puede ayudar a gestionar la repetición. También se recomienda establecer rutinas estructuradas para proporcionar un sentido de seguridad y previsibilidad.

**Pérdida de la capacidad de lectura y escritura:** En las etapas avanzadas, pueden perder la capacidad de leer y escribir. Las personas afectadas pueden tener dificultades para comprender palabras escritas, recordar la secuencia de letras o experimentar problemas con la gramática y la escritura coherente. Esto se debe a los cambios en las áreas del cerebro asociadas con el procesamiento del lenguaje y la memoria. Para apoyar a alguien con demencia en esta situación, es útil simplificar la comunicación escrita, utilizar imágenes o gráficos, y centrarse en formas alternativas de expresión, como la comunicación verbal o actividades que no dependan de la lectura y escritura. Adaptar el entorno para minimizar la dependencia de estas habilidades puede facilitar la participación y la comunicación.

**Mutismo:** En algunas personas, la demencia avanzada puede llevar al mutismo, lo que significa que dejan de hablar por completo. Cuando una persona con demencia deja de hablar por completo, puede ser un desafío emocional para el cuidador. Es importante explorar las posibles razones detrás de esta pérdida de habla, que pueden incluir cambios en las áreas del cerebro responsables del lenguaje, ansiedad, frustración o simplemente la dificultad para encontrar las palabras adecuadas. Para abordar esta situación, se pueden intentar algunas estrategias:

**Crear un entorno tranquilo:** Reduzca el ruido y la confusión en el entorno para crear un espacio más relajado que pueda fomentar la comunicación.

**Comunicación no verbal:** Fomente la comunicación a

través de gestos, expresiones faciales y contacto visual. A veces, la comunicación no verbal puede ser más efectiva.

**Actividades significativas:** Involucre a la persona en actividades que solían disfrutar, como escuchar música, ver fotos o participar en otras formas de expresión no verbal.

**Consultar a profesionales de la salud:** Un médico o un profesional de la salud especializado en demencia puede ofrecer orientación y sugerencias específicas basadas en la situación individual.

**Proporcionar apoyo emocional:** Asegúrese de que la persona se sienta segura y comprendida. La pérdida de habla puede estar relacionada con emociones difíciles de expresar.

**Adaptarse a las necesidades cambiantes:** A medida que la enfermedad progresa, las necesidades de comunicación pueden cambiar. Esté abierto a ajustar enfoques y buscar nuevas formas de conexión. Es fundamental trabajar en colaboración con profesionales de la salud y especialistas en demencia para brindar el mejor apoyo posible a la persona afectada. Para abordar estos problemas de comunicación, es fundamental utilizar un lenguaje claro y sencillo, mantener una comunicación no verbal efectiva y ser pacientes y comprensivos. También es importante prestar atención a las necesidades emocionales y físicas de la persona con demencia para entender mejor sus intentos de comunicación.

**Desorientación espacial y temporal:** La persona puede perderse en lugares familiares, olvidar la fecha o la hora y tener dificultades para reconocer la ubicación. Las personas con demencia pueden tener dificultades para reconocer lugares familiares, como su propia casa o vecindario. Pueden perderse incluso en lugares conocidos y tener problemas para entender la disposición del entorno. Por ejemplo, pueden no recordar dónde está el baño en su propia casa o cómo llegar a la cocina. La pérdida de la noción del tiempo es común. Las personas con demencia pueden olvidar la fecha, el día de la semana e incluso la estación del año. Pueden confundir el pasado y el presente, creyendo que están viviendo en un período anterior de sus vidas.

**Confusión en eventos recientes:** Pueden tener dificultades para recordar eventos recientes, como lo que hicieron esa mañana o si ya han comido. Esto puede llevar a comportamientos repetitivos, como comer varias veces seguidas.

**Pérdida de la orientación:** A medida que la enfermedad progresa, pueden perder la capacidad de orientarse en su entorno. Esto puede llevar a situaciones peligrosas, como salir de casa y perderse.

**Confusión día y noche:** La demencia también puede afectar el ritmo circadiano de la persona, lo que significa que pueden estar despiertos durante la noche y dormir durante el día. La inversión del ciclo del sueño, donde la persona con demencia puede estar más activa durante la noche y somnolienta durante el día, es común y se conoce como "síndrome del sueño-vigilia irregular" o "síndrome del sueño del enfermo demencial."

# Aquí hay algunas estrategias que podrían ayudar a manejar la confusión del día y la noche:

**Establecer rutinas consistentes:** Mantener horarios regulares para actividades diarias como comer, bañarse y hacer ejercicio puede ayudar a reforzar el ritmo circadiano.

**Exposición a la luz natural:** Exponer a la persona a la luz natural durante el día, especialmente por la mañana, puede ayudar a regular su reloj biológico.

**Limitar la cafeína y la estimulación antes de acostarse:** Reduzca la ingesta de cafeína y evite actividades estimulantes antes de acostarse para facilitar el sueño.

**Crear un ambiente propicio para el sueño:** Mantenga el dormitorio oscuro, tranquilo y cómodo. Considere el uso de cortinas opacas y otros elementos para crear un ambiente propicio para dormir.

**Evitar siestas prolongadas durante el día:** Si es posible, limite las siestas durante el día para fomentar un sueño más sólido por la noche.

**Consultar con profesionales de la salud:** Si la inversión del ciclo sueño-vigilia se vuelve un desafío significativo, es importante discutirlo con el médico u otros profesionales de la salud especializados en demencia.

**Consecuencias sociales:** La desorientación espacial y temporal puede llevar a la retirada social, ya que las personas con demencia pueden volverse inseguras acerca de dónde están y qué está sucediendo a su alrededor. Esto puede contribuir a la sensación de aislamiento.

**Estrés y ansiedad:** La desorientación constante puede ser estresante y angustiante tanto para la persona con demencia como para sus cuidadores. Para lidiar con la desorientación espacial y temporal, los cuidadores deben tomar medidas para garantizar un entorno seguro y familiar. Esto incluye mantener los objetos importantes en lugares accesibles y coherentes, establecer una rutina diaria predecible y proporcionar recordatorios claros sobre la hora y la fecha. También es esencial brindar apoyo emocional y comprensión a la persona con demencia cuando experimenten confusión.

**Dificultad en la resolución de problemas:** Las habilidades para resolver problemas y tomar decisiones se ven afectadas.

**Cambios en la personalidad y el comportamiento:** Pueden surgir cambios en la personalidad, como irritabilidad, ansiedad, apatía o comportamientos repetitivos.

## Estos cambios pueden incluir:

**Irritabilidad:** La persona puede volverse fácilmente molesta o frustrada, a veces sin una razón aparente.

**Ansiedad:** Pueden experimentar ansiedad, sentirse nerviosos o preocupados.

**Apatía:** Una pérdida de interés en actividades que antes disfrutaban, junto con una disminución de la motivación.

**Comportamientos repetitivos:** Repetir palabras, preguntas o actividades puede convertirse en un patrón.

**Agresión verbal o física:** En algunos casos, la persona puede volverse verbal o físicamente agresiva, lo cual puede ser una respuesta a la confusión o la frustración.

**Cambios en los hábitos alimenticios:** Pueden tener preferencias alimenticias cambiantes o mostrar desinterés en la comida.

**Cambios en la sexualidad:** Pueden surgir cambios en la expresión de la sexualidad, desde la pérdida de interés hasta comportamientos inapropiados.

Estos cambios pueden ser desafiantes tanto para la persona con demencia como para sus cuidadores. Es esencial abordar estos comportamientos con compasión y comprensión. La comunicación efectiva, el establecimiento de rutinas y la adaptación a las necesidades cambiantes pueden ayudar a gestionar estos desafíos. Además, buscar el apoyo de profesionales de la salud y grupos de apoyo puede ser beneficioso para los cuidadores.

**Dificultad para realizar tareas diarias:** Las tareas cotidianas, como vestirse, bañarse o cocinar, se vuelven más desafiantes y requieren supervisión o ayuda.

**Mayor dependencia:** La persona puede volverse más dependiente de la ayuda de los demás para realizar actividades básicas.

**Deterioro de las habilidades motoras:** Los problemas de movilidad y coordinación pueden empeorar.

## Puede manifestarse de diversas maneras:

**Marcha inestable:** La persona puede tener dificultades para caminar de manera segura, con pasos inestables o desequilibrio.

**Problemas de coordinación:** La coordinación motora fina y gruesa puede deteriorarse, afectando la capacidad para realizar tareas como vestirse o comer.

**Dificultades para tragar:** La deglución puede volverse más complicada, aumentando el riesgo de aspiración y problemas alimentarios.

**Rigidez muscular:** Puede desarrollarse rigidez en los músculos, afectando la movilidad y la flexibilidad.

**Incapacidad para realizar tareas motoras complejas:** Actividades que solían realizarse de manera rutinaria, como abrocharse los botones o usar cubiertos, pueden volverse desafiantes.

Estos cambios pueden tener un impacto significativo en la independencia y la calidad de vida de la persona con demencia. Es fundamental adaptar el entorno para garantizar la seguridad y buscar la asesoría de profesionales de la salud, como fisioterapeutas y terapeutas ocupacionales, para abordar de manera efectiva estos desafíos.

**Cambios en el sueño:** Pueden experimentar alteraciones en el patrón de sueño, como insomnio o somnolencia diurna excesiva.

**Problemas de alimentación:** Pueden tener dificultades para comer o beber de manera adecuada.

Es importante señalar que la progresión de la enfermedad puede variar significativamente de una persona a otra, y no todas las personas experimentarán los mismos síntomas o al mismo ritmo. Durante esta etapa, el cuidado y el apoyo continuo, así como la adaptación de estrategias de cuidado, son esenciales para mejorar la calidad de vida de la persona con Alzheimer y reducir la carga para los cuidadores.

Aprenda sobre los tipos más frecuentes de demencia. La demencia es un término genérico que se utiliza para describir una variedad de afecciones neurológicas que afectan al cerebro y que empeoran con el tiempo.

**Enfermedades de Alzheimer:**

Depósitos anormales de proteínas forman placas de amiloides y ovillos de tau en todo el cerebro.

Es la forma más común de demencia. Afecta la memoria, el pensamiento y la capacidad para llevar a cabo las actividades diarias.

**Demencia vascular:** Esta forma de demencia es causada por problemas en el suministro de sangre al cerebro. Puede resultar de accidentes cerebrovasculares o problemas en los vasos sanguíneos.

**Demencia con cuerpos de Lewy:** Esta enfermedad se caracteriza por la presencia de agregados anormales de proteínas en el cerebro. Puede causar fluctuaciones en la cognición y síntomas similares a los de la enfermedad de Parkinson.

**Demencia frontotemporal:** Afecta principalmente a las áreas del cerebro responsables del comportamiento y la personalidad. Puede manifestarse en cambios de personalidad, comportamientos impulsivos y dificultades en el lenguaje.

**Demencia por cuerpos de inclusión:** Se asocia con acumulación de proteínas anormales en las células cerebrales y puede afectar la memoria, el lenguaje y el comportamiento.

**Demencia relacionada con el VIH:** Afecta a algunas personas con VIH y puede causar deterioro cognitivo.

**Demencia de Creutzfeldt-Jakob:** Es una afección rara que afecta al sistema nervioso central y puede provocar cambios rápidos en la personalidad, movimientos incontrolados y deterioro cognitivo.

**Demencia por enfermedad de Huntington:** Es una enfermedad hereditaria que afecta la coordinación, el comportamiento y la cognición.

**Demencia traumática:** Se produce a raíz de lesiones cerebrales traumáticas, como las relacionadas con conmociones cerebrales o lesiones en la cabeza.

**Demencia mixta:** En algunos casos, una persona puede experimentar más de un tipo de demencia al mismo tiempo.

Cada tipo de demencia tiene características específicas y puede requerir enfoques de cuidado distintos. El diagnóstico y la gestión adecuada de la demencia dependen del tipo específico y del estado de salud de la persona afectada.

(Para más información visite cdc.gov)

# Capítulo 10

## Niños y adolescentes que viven con un enfermo demencial, ¿cómo pueden entenderlo

Cuando los niños y adolescentes conviven con un familiar afectado por demencia, es esencial abordar la situación de manera comprensiva y educativa. Los jóvenes pueden experimentar una gama de emociones complejas al presenciar cambios en el ser querido. Proporcionar información sobre la enfermedad, fomentar la expresión de sentimientos y ofrecer apoyo emocional son aspectos cruciales. Además, promover actividades significativas y momentos de conexión puede ayudar a construir relaciones en medio de los desafíos que presenta la demencia.

**Es crucial que los niños comprendan lo que está sucediendo con la persona confusa y por qué actúa de cierta manera por varias razones:**

**Reducción del Miedo y la Confusión:** Entender la demencia y el comportamiento asociado ayuda a reducir el miedo y la confusión que los niños o adolescentes pueden experimentar al presenciar cambios en el ser querido. Es más fácil no enojarse con el familiar enfermo cuando comprenden por qué hace o dice ciertas cosas. Ayúdales a entender que el enfermo está padeciendo esta enfermedad que destruye parte del cerebro y, al perder un gran número de células nerviosas, no puede funcionar normalmente. Es por eso que olvida nombres, es torpe o no puede hablar correctamente. A veces, los niños o adolescentes se enojan por pequeñeces que el enfermo hace o dice. Ayúdales a entender que esto se debe a que su cerebro ya no está comprendiendo lo que está sucediendo (aunque se lo expliquemos). Las paredes del cerebro que rigen su conducta también se han dañado, así que el enfermo no puede controlar sus actos ni puede valerse por sí mismo.

**Promoción de la Empatía:** Comprender la enfermedad fomenta la empatía en los niños. Les permite ver más allá del comportamiento desafiante y desarrollar compasión hacia la persona afectada. Es normal que los niños o adolescentes se preocupen por lo que va a suceder con su ser querido demencial, o tal vez se pregunten si ellos pueden empeorar la situación si no logran entender lo que ocurre. Ayúdales a ser más empáticos para que traten con respeto al enfermo y cultiven la gran paciencia. Aunque los niños a veces hagan algo que irrite al enfermo, házles saber que nada de lo que ellos hagan puede empeorar la situación. El enfermo se puede enojar o irritar momentáneamente por su causa, pero eso no empeora su enfermedad.

**Preparación para Cambios:** Los niños pueden sentirse más seguros y preparados para enfrentar los cambios que trae la demencia cuando entienden el curso de la enfermedad y sus efectos.

Anima a los niños o adolescentes a investigar más sobre el tema de la demencia. Pon a su alcance libros que hablen sobre el tema o anímales a que hagan preguntas cuando se sientan agobiados por la actitud del enfermo o cuando la salud de este se esté viendo afectada rápidamente.

Muchos niños o adolescentes se ven frustrados por los cambios que están experimentando al tener a un familiar con demencia en casa. Se tienen que adaptar a los nuevos cambios y eso puede traer enojo y frustración. Incluso en las mejores circunstancias, vivir con una persona afectada por un padecimiento demencial es difícil.

## Aquí algunas experiencias de jóvenes a quienes les resultó muy difícil adaptarse al cambio:

1. **Daniel, de 12 años:** "No tengo privacidad; mi abuela irrumpe en mi habitación sin aviso previo y empieza a hurgar en mis cajones…"

2. **Adriana, de 15 años:** "No puedo hacer ruido ni poner mi música favorita a un volumen medio-alto porque mi abuelo se altera."

3. **Jonathan, de 7 años:** "La manera de comer de mi abuelo me revuelve el estómago. Simplemente, si él está en el comedor, me retiro a mi cuarto."

4. **Ángel, de 16 años menciona:** "No puedo invitar a mis amigos a casa porque mi abuela se molesta, y no quiero traerlos porque ella hace cosas que me avergüenzan."

5. **Kendra, de 10 años dice:** "Me quitaron mi habitación para dársela a mi abuela; ahora tengo que compartir la habitación de mi hermana."

6. **Carlos, de 8 años:** "Todos están muy ocupados con el abuelo y terminan tan agotados que ya nunca hacemos nada divertido en familia. Me siento rechazado."

7. **Alondra, de 6 años:** "Me da miedo que mi abuela se muera."

8. **Robert, de 9 años:** "Mis padres se enojan conmigo más seguido que antes."

¿Se identifica tu hijo(a) con alguno de estos casos? Es posible que la mayoría de los hijos tengan alguna de estas preocupaciones o sentimientos encontrados al tener a un pariente demencial en casa debido a los cambios que están experimentando. O tal vez tú estés lidiando con alguno de estos problemas. Se recomienda que los adultos se sienten a dialogar con los hijos afectados en este caso y busquen soluciones juntos para mejorar la situación. Algunos jóvenes han mencionado que el peor problema no es la conducta del enfermo, sino la forma en que actúan los padres.

**Para obtener ayuda práctica y recursos destinados a niños y adolescentes que conviven con un familiar con demencia, pueden considerar:**

- **Organizaciones Especializadas:** Busca organizaciones dedicadas al apoyo a personas con demencia y a sus familias. Muchas de ellas ofrecen recursos específicos para niños y adolescentes.

- **Sitios Web Confiables:** Explora sitios web confiables sobre demencia, como los de asociaciones de Alzheimer, donde a menudo encuentras secciones destinadas a familiares y cuidadores, incluidos niños.

- **Profesionales de la Salud:** Consulta con profesionales de la salud, como psicólogos o consejeros, que pueden proporcionar orientación personalizada y recomendar recursos específicos para la situación familiar.

- **Librerías y Bibliotecas:** Busca libros infantiles y juveniles sobre demencia. Pueden ofrecer perspectivas educativas y reconfortantes para los jóvenes.

- **Grupos de Apoyo Locales:** Participa en grupos de apoyo locales. A veces, estos grupos abordan las necesidades específicas de los niños y adolescentes, ofreciendo un entorno donde compartir experiencias y obtener recursos.

- **Resumen, Agradecimiento y Final:** En el viaje a través de estas páginas, hemos explorado las complejidades, desafíos y, lo más importante, el amor que envuelve a quienes enfrentan la demencia. Aunque las palabras aquí compartidas pueden no abarcar toda la experiencia, espero que hayan servido como faro de comprensión y consuelo.

Al cerrar este libro, invito a cada lector a reflexionar sobre la fuerza, la paciencia y la compasión que residen en el cuidador y en aquellos que comparten el camino con la demencia. Más allá de las páginas, recordemos que cada historia, cada experiencia, es única. Que este conocimiento nos inspire a construir puentes de comprensión y apoyo en nuestras propias vidas.

Que este libro sirva como un recordatorio de que, incluso en la oscuridad de la demencia, el amor y la conexión pueden brillar intensamente. Agradezco sinceramente cada momento que han dedicado a estas historias compartidas y espero que encuentren consuelo y sabiduría para enfrentar los desafíos que puedan cruzar sus caminos.

"Quiero expresar mi profundo agradecimiento a todas las personas valientes que compartieron sus experiencias viviendo con un familiar demencial. Sus relatos han enriquecido este libro con perspectivas genuinas, ofreciendo consuelo y sabiduría a quienes enfrentan desafíos similares. Agradezco sinceramente su generosidad al abrir sus corazones y compartir sus historias, contribuyendo a la comprensión colectiva de la demencia y brindando apoyo a aquellos que lo necesitan. Gracias por ser la luz que guía a otros en este viaje."

- **A mi querida hija Angie:**

Quiero expresarte mi profundo agradecimiento por ser mi apoyo incondicional en esta difícil travesía del cuidado de mi madre con Alzheimer. Tu comprensión, paciencia y amor han sido fundamentales en cada paso de este viaje. Tu presencia constante y tu disposición para enfrentar juntas los desafíos me han dado fuerzas y consuelo.

Tu bondad y dedicación no solo han aliviado mi carga, sino que también han iluminado los momentos oscuros con la luz de tu cariño. No tengo palabras suficientes para agradecerte por ser mi roca y compartir este camino tan exigente.

Gracias por ser más que una hija, por ser mi compañera en esta travesía. Tu apoyo ha marcado una diferencia invaluable, y estoy eternamente agradecida por tenerte a mi lado.

Jehová te bendiga por siempre!

Con amor y gratitud,

**Almangie Ruefli**

# Referencias y Recursos

## Organizaciones y Líneas de Ayuda:

- Alzheimer Asociación
- Sitio web: https://www.alz.org
- Línea de ayuda 24/7: 800.272.3900


- DaylyCaring
- Sitio web: https://www.daylycaring.com
- Consejos y ayuda para cuidadores


- Asociación Mexicana de Alzheimer y enfermedades similares
- Fundación Alzheimer
- Tel/Fax: 55-23-15-26


- National Hospice Organization
- Teléfono: 703-243-5900


- National Mental Health Association
- Teléfono: 303-762-7922

## Centros de Información y Referencia

- NIA Alzheimer's and related Dementias Education and Referral (ADEAR) Center
- (Centro de Educación y Referencias sobre la Enfermedad de Alzheimer y las Demencias Relacionadas)
- Teléfono: 800-438-4380


- Correo electrónico: adear@nia.nih.gov
- Sitio web en inglés: www.nia.nih.gov/health/alzheimers
- Sitiowebenespañol:www.nia.nih.gov/health/spanish/alzhei mer

## CaringInfo: (National Hospice and Palliative Care Organization)

- (Organización Nacional de Hospicios y Cuidado Paliativo)
- Teléfono: 800-658-8898
- Correo electrónico: caringinfo@nhpco.org
- Sitio web en inglés: www.caringinfo.org


## Centers for Medicare & Medicaid Services

- (Centros de Servicios de Medicare y Medicaid)
- Teléfono: 800-633-4227

- TTY: 877-486-2048

- Sitio web: www.medicare.gov

- Sitio web en español: https://es.medicare.gov

**Recursos Religiosos:**

**JW.ORG**

El sitio oficial de los Testigos de Jehová, jw.org, proporciona recursos relacionados con la fe, la Biblia y la vida cotidiana desde la perspectiva de esta comunidad religiosa. En la sección de "Ayuda para la Familia" y otros recursos relacionados, es posible que encuentres artículos, videos o folletos que aborden temas relacionados con el amor, la paciencia y el cuidado hacia los familiares que enfrentan desafíos de salud, incluida la demencia. Además, podrías obtener orientación sobre cómo manejar las dificultades emocionales asociadas con el cuidado de personas con enfermedades crónicas.

**Libros y Referencias**

1. "Cuando el día tiene 36 horas" (Nancy L.Mace)

2. "Para cuidar hay que cuidarse" (Enna D. Santiago, MSG PT, PHD)

3. "Aprender a hablar sobre Alzheimer, por Joanne Koening Coste"

4. "Crear momentos de alegría a lo largo del viaje del Alzheimer: Una guía para familias y cuidadores, quinta edición, por Jolene Brackey"

5. "Sobrevivir al Alzheimer: Consejos prácticos y sabiduría para los cuidadores que salvan almas, por Paula Spencer Scott"

6. "Cuidado Reflexivo de la Demencia: Comprensión de la Demencia, por Jennifer Ghent-Fuller"

7. "Actividades para hacer con los padres que tienen demencia de Alzheimer, por Judith A. Levy"

# Acerca del Autor

Almangie ruefli es una apasionada defensora del bienestar de las personas mayores y una experta comprometida en explorar las complejidades de la demencia y el cuidado de los seres queridos afectados. Su profunda conexión con la temática se construye sobre una base sólida de investigación exhaustiva, entrevistas con cuidadores dedicados y una valiosa experiencia trabajando en asilos para ancianos.

Esta dedicación se ve reflejada no solo en su escritura, sino también en su compromiso con la comprensión integral de los desafíos que enfrentan quienes cuidan a personas con demencia. Almangie ruefli comparte no solo conocimientos profesionales, sino también experiencias personales, incluida su propia travesía con su madre afectada por la demencia.

La combinación de su experiencia en el campo de la salud, la interacción directa con cuidadores y su conexión emocional con el tema hace que Almangie ruefli ofrezca una perspectiva única y valiosa. Su obra no solo informa, sino que también brinda apoyo emocional a aquellos que comparten la carga del cuidado de seres queridos con demencia.

**Almangie Ruefli**

# Biografía

***Almangie Ruefli:*** Apasionada amante de la escritura desde niña, ha explorado diversos géneros literarios y está emocionada por compartir sus historias con el mundo. Su enfoque en la poesía y la narrativa le permite explorar temas desde la vida cotidiana hasta la imaginación desbordante. Actualmente está trabajando en su primera colección de poesía que captura sus reflexiones y emociones en el viaje de la vida. Alma cree en el valor de las palabras para inspirar y conectar a las personas.